パン屋では
おにぎりを売れ

想像以上の答えが
見つかる思考法

編集者
柿内尚文

かんき出版

問題

男子校に通う高校生の男の子がいます。
彼は女の子にモテません。
彼の望みは、たくさんの女の子と友だちになること。
でも、女の子と知り合うきっかけもなければ、
ナンパする勇気もありません。
どうしたら彼は女の子の友だちを
つくることができるでしょうか？

答え

彼は文化祭の研究課題という名目で
「女子校研究会」を立ち上げ
その研究という「大義名分（言い訳）」を武器に、
街頭で女子高生にアンケートを実施。
「大義名分（言い訳）」があるおかげで、
恥ずかしさもなく、声をかけることができ、
それをきっかけに、
女の子と友だちになれました。

これはなにを隠そう、僕の実話です。

僕は男子校に通っていたころ、女の子とたくさん知り合いたかった。

ただ、残念なことに、女の子から言い寄られる容姿を持ち合わせているわけでもなければ、ナンパする勇気もない。どうしたらいいのか、真剣に考えました。

街中で女の子に話しかけるには、自分への大義名分（言い訳）がいるんじゃないか？

どんな大義名分があれば声をかけられるか？

そこで思いついたのが「女子校研究会」の立ち上げでした。「女子校研究会の調査」という大義名分（言い訳）ができた僕は、臆することなく街中で声をかけることができるようになりました。

結果、何人もの女の子と知り合うことができたのです。

自分自身驚いたのは、たくさんの女友だちができたことよりも、**考えたアイデアが自分の悩みを解決してくれた**ことでした。

いまから30年以上前のことですが、明確に覚えています。それくらい自分にとって衝撃的な出来事でした。

問題をもうひとつ。
制限時間1分で考えてみてください。

問題2

ニューヨークで、明太子を売ろうと思います。
ニューヨークでは、
生の魚の卵を食べる習慣がなく、
むしろ気持ちの悪いものととらえられています。
どうしたらニューヨークで
明太子を広めることができるでしょうか？

答え

アメリカ人はフランス料理を
リスペクトする傾向にある。
「生の魚の卵」という言い方をせず
「ハカタ　スパイシーキャビア」という
ネーミングで売り出す。

この話は、ニューヨークのマンハッタンにある博多料理店が行った実話です。明太子を「タラの卵」とメニューに書いていたときは、気持ち悪がられていたそうですが、呼び名を「ハカタ　スパイシーキャビア」に変えたことで、驚くことに大好評のメニューになったそうです（『売れないものを売る方法？　そんなものがほんとにあるなら教えてください！』という本に載っているエピソードです）。

ちょっとした工夫で、結果がまったく変わってしまう。

その差を生むもの、それが「思考＝考える」です。

僕がこの本で伝えたいのは**「考えるという行為にはとんでもない突破力がある」**ということ。

「考える」は、お金があるなしに関係なく、地位や立場に関係なく、誰でもできるすごい武器なのです。

ちなみに、ここでいう「考える」とは、**「目的を達成するために考えること」**を指します。なにか解決したい課題があったり、やりたいことがあって、それを達成するための思考です。

この本では、その武器の磨き方を紹介したいと思います。

というのも、「考える」には技術がいるからです。ただやみくもに考えても、時間ばかりかかって、答えにたどりつけません。

でも安心してください。**とても簡単で、効率的な方法ばかり**です。

ダイエットなら「巻くだけでやせる」とか、僕はそういうのが好きです。

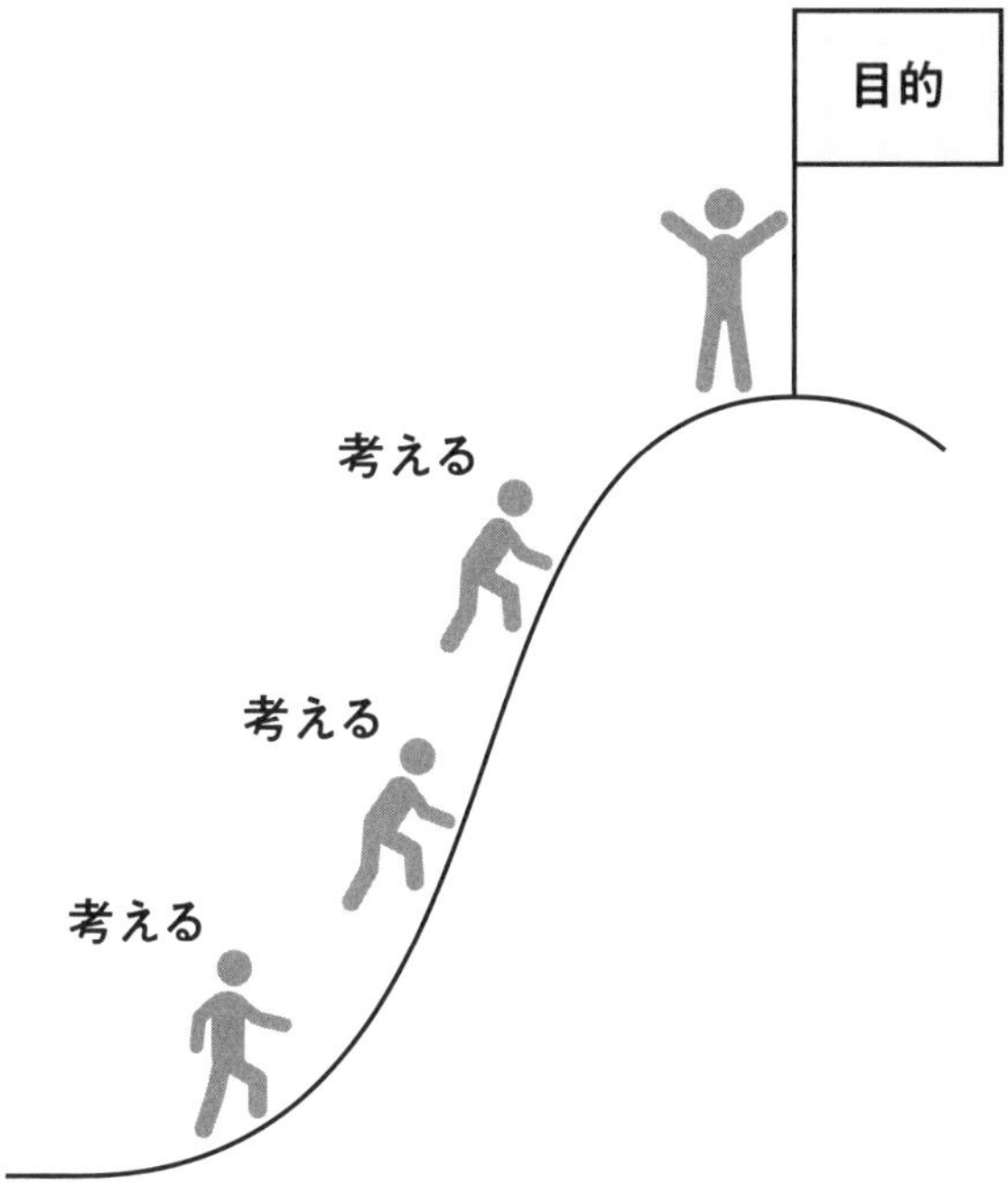

目的達成のために考える

たとえば、冒頭で出した2つの問題、最初の問題は「ずらす法」を使っていました。高校生のときはもちろんそんなことは知りませんでしたが、いま思えば、「考える技術」を使っていたわけです。2つめの問題は、「キャッチコピー法」を活用しています。

そう。**「考える」には方程式があります。**

料理のレシピをイメージしてもらうとわかりやすいかもしれません。料理が得意じゃない場合は、まずはレシピに忠実につくってみることです。勝手なアレンジを加えるとたいていい失敗します。

思考も同じです。方程式をうまく使ってみてください。

「考える技術」によって、脳はバージョンアップします。

これまでのあなたの脳が「脳1.0」だったとしたら、「考える技術」をゲットすることで、「脳2.0」に進化するのです。

どうですか、なんかワクワクしませんか！

思いもよらなかったようなアイデアを生み出すことができるかもしれませんし、なかなか解決できずモヤモヤしていた問題の解決の糸口を見つけることもできるかもしれません。そう、いいことずくめなんです。

この本のタイトル『パン屋ではおにぎりを売れ』についてもここで説明させてもらいます。なぜ、パン屋さんでおにぎりなのか？

それは、**新しい価値を生み出せるから**です。

モスバーガーが1987年に開発した「ライスバーガー」は発売当時、画期的な商品でした。ハンバーガーチェーンのモスバーガーがお米を使ったハンバーガーをつくったのは、「日本人の主食であるお米で商品ができないだろうか」という思いからだったそうです。ハンバーガーチェーンがつくるお米のハンバーガーとして、当時大きな話題になりました。そして、マクドナルドも「ごはんバーガー」を販売し、ヒットしました。

僕はモスのライスバーガーが大好きです。そして、ずっと思っていたことがあります。

それは、「パン屋さんでもお米の商品を売ればいいのに」ということです。マクドナルドがごはんバーガーを開発した背景には、お客さんの「夜ごはんはパンではなくごはんが食べたい」という声もひとつの要素だったそうです。

パン屋さんにお米の商品があったら、夜ごはんとして食べる人も出てくるだろうし、パンはあまり食べないという人もお客さんに取り込めるんじゃないか。そう勝手に思っていました。

おにぎりはコンビニやスーパーでは買えますが、おにぎり屋さんの数はそんなに多くはありません。一方で、パン屋さんは地域にもよるかもしれませんが、身近にあります。

もちろん、パン屋さんは「おいしいパンを届けたい」という思いでやっている店がほとんどだろうし、パンが好きでたまらないという人がつくっていると思います。パンをつくるだけでも大変な労力です。僕もそんなパン屋さんがつくるパンが大好きです。

だからこそ、**「パン屋さんがおにぎりを開発したらどんなものができるんだろう」**と期待してしまいます。

パン屋さんって、すごく挑戦的な商品開発をしてますよね。

変わり種では、ちくわパン、野沢菜おやきパン、キムチメロンパンなんてものまで！　そんなものまでパンと合わせるの？　と驚くような組み合わせのパンがたくさんあります。あんぱんも、開発された当時、あんことパンを組み合わせたことはかなりイノベーティブだったそうです。

この発想力をおにぎりに生かしてみたらどうでしょうか？

「パン屋さんが本気でつくったおにぎり」として売り出せば、そこにはすごい魅力が生まれます。

食べてみたくなりませんか？　こだわりのパン屋さんがどんなおにぎりをつくるんだろう？　という興味もあります。

「フレンチのシェフがつくるカレー」とか「焼き鳥屋さんの人気ラーメン」とか、

ずらして価値や魅力を生み出すことで人気になっているお店は、実はすでにたくさんあります。「考える技術」の「ずらす法」が使われているのです。

和歌山の人にとって、ソフトクリームのイメージは白ではなく緑だと聞いたことがあります。

理由は、県内で長年人気があり、県民のソウルフードでもある「グリーンソフト」にありました。このソフトクリームを出しているのはお茶メーカーの玉林園です。お茶の味を知ってもらうために開発したソフトクリームが、県民の人気商品に育ったそうです。

お茶メーカーの強みを生かしてつくったソフトクリーム。そこに新しい価値が生まれました。

こんな風に、「考える技術」で新しい価値をどんどん生み出せるのです！

ここで自己紹介をします。

僕の名前は柿内尚文。かきうち・たかふみと読みます。

職業は編集者です。編集者の仕事はわかりにくいそうで、「印刷しているの？」「文章書いてるの？」などと言われますが、ざっくり説明すると、次の４つの要素で占められています。

1　企画を立てる
2　取材・調査でインプットする
3　コンテンツにして価値を生み出す
4　そのコンテンツを多くの人に届ける

僕は主に書籍をつくる仕事をしています。これまで数多くの本を企画し、それをチームで製作し、おかげさまでたくさんの本がベストセラーになりました。

3万部でベストセラーといわれる時代ですが、企画した本のうち50冊以上が10万部以上のベストセラーとなり、累計1000万部を超えるヒットを出すことができました。

ベストセラーを多数刊行していくうちに、ヒットを出す方法を教えてほしいといろいろな人から聞かれるようになりました。セミナーに出て話をしてほしいと言われるようにもなりました。そして、そのノウハウを本に書いてほしいという依頼がきました。それが、この本です。

僕自身、地頭がいいわけではなく、自分の平凡さに辟易しながら生きてきました。考えることは普通だし、深みもありません。

でも、ヒットを出すとか、新しいアイデアを出すとか、問題を解決するとか、そういった目的のために考えることは大好きです。それは「考える技術」を自分なりに身につけたからだと思います。

「考える技術」を身につけるメリットは数多くあります。

仕事にも、人間関係にも、恋愛にも、お金のことにも、家族のことにも、応用範囲は幅広く、いろいろなことに活用できるはずです。難問に遭遇してもそれを乗り越える力にもなってくれます。

ぜひ、「考える技術」をあなたの人生をよりよいものにする武器として活用してください。

では、スタートしましょう。

本書のタイトルでは、便宜上「パン屋」と表記していますが、
僕自身、パンが大好きで、パン屋さんをこよなく愛する人間です。
本文中では「パン屋さん」と表記しています。

「考える技術」の効能

◉難問にぶつかっても乗り越える「策」が持てる。どうにかなると思えるようになる
◉感情や情報に惑わされず、冷静な視点を持つことができる
◉仕事、人間関係、恋愛、お金、さまざまな不安が減る
◉落ち込みにくくなる。物事に対してポジティブになれる
◉自分を信じることができるようになる
◉自分の価値に気づける。人を認めることができるようになる
◉嫌いな人のいいところが見つかる
◉恋愛でチャンスが広がる
◉仕事で成果が出やすくなる。仕事の生産性が上がる
◉いいアイデアが生まれる

この本の使い方

◉一度読んで終わりにせず、
ぜひ何度も読み返してください

◉自分にとって大切な箇所に線を引く、
思ったことを余白部分に書き込むなど、
この本の内容を、ぜひあなたのものにしてください

◉インプットで終わることなく、自分のケースにあてはめて、
どんどんアウトプットしていってください

◉この本をきっかけに、
あなた自身の「考える技術」をつくってください

目次

第２章　「考える技術」で未来は変えられる

第３章　「考える技術」を思い通りに使いこなす

第4章　頭の中をクリアにする「思考ノート」のつくり方

第5章　「考える技術」がさらに上がる習慣

デザイン　杉山健太郎　ＤＴＰ　野中賢（株式会社システムタンク）　制作協力　落合絵美

第1章

「考える」について最初に知ってほしい3つのこと

1　考える＝「広げる」＋「深める」

「考える」ことについてまず、最初に知っておいてほしいこと。

それは**「考えるとは『広げること』と『深めること』である」**ということです。

これ、すごく重要なところなので、ぜひ赤線をお願いします。

日本の人口減少問題を考えるときも、地域再生について考えるときも、新しい商品の企画を考えるときも、最高においしいカレーとはなにかを考えるときも、全部基本は同じ。「広げる」と「深める」で考えていきます。

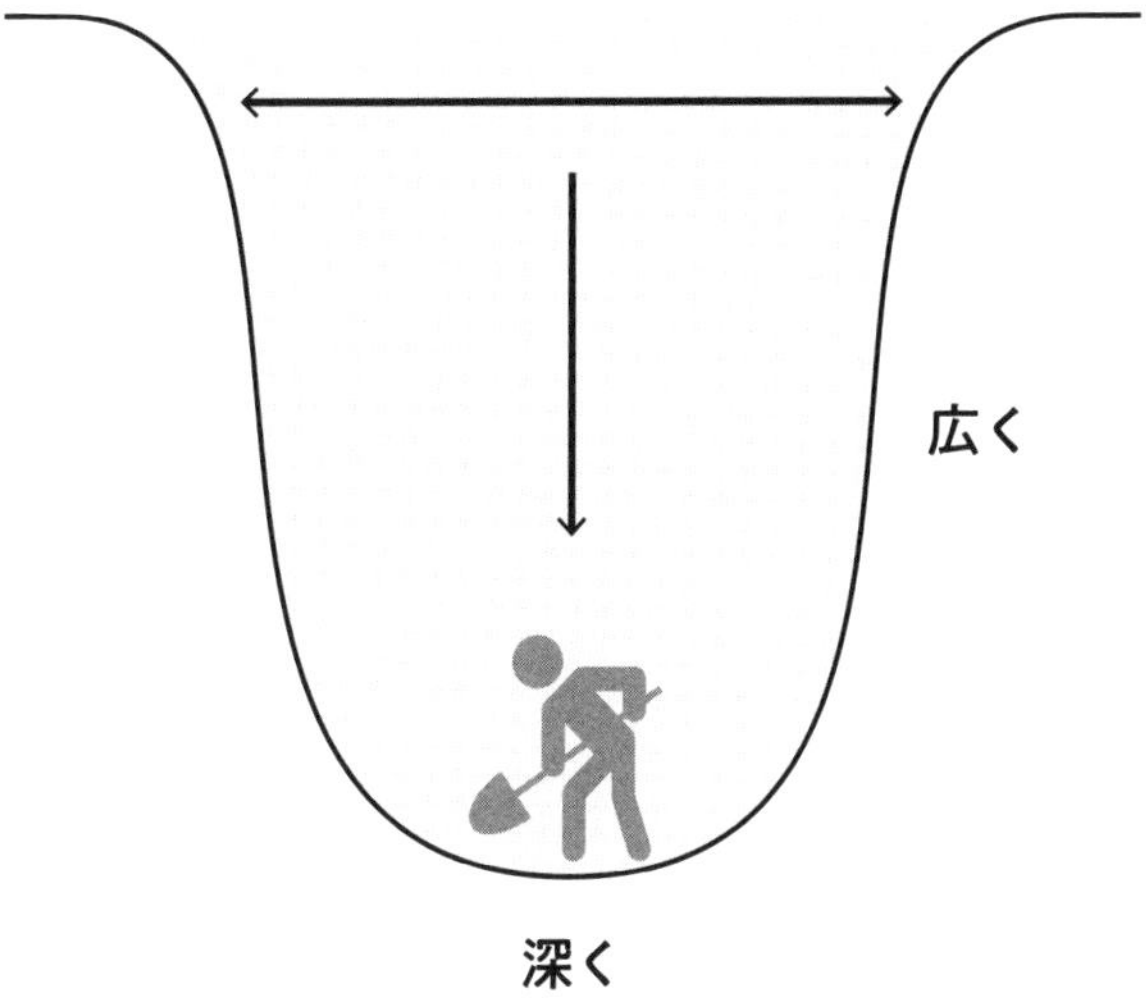

考える＝「広げる」＋「深める」

「広げる」とは、可能性を考えていくことです。いままで存在しなかったものを生み出したり、新しい価値をつくっていくことでもあります。

「深める」とは、本質的価値を考えていくことです。「そもそも」を考えることでもあります。

この「広げる」と「深める」から生まれた大人気商品に「ほぼ日手帳」があります。

手帳というツールは、まっさきにデジタル化され、紙の手帳を使う人はどんどん減っていくと思われていました。

でも、「ほぼ日手帳」の出現で流れが大きく変わりました。「ほぼ日手帳」以降、紙の手帳の価値が高まり、毎年、手帳売り場は盛り上がっています。

「ほぼ日手帳」のすごいところは、「広げる」と「深める」の両方を実現した商品だということです。

糸井重里さんは著書『すいません、ほぼ日の経営。』の中で、手帳の開発は最初はなにも意図していなくて、「こういうのがあったらいいぞ」からはじめた、と述べています。手帳にはいいことがたくさんあるので、それができる手帳を開発したわけです。

手帳を使い、そこになにかを考えて書き込むことを繰り返すといいことがたくさんある。そこをつきつめていくと、手帳は従来の手帳という枠組みを越えていきます。スケジュールを書くものであり、日記的なものであり、ノート的なものでもある。

「これはなんだと思ったら、みんなの『ＬＩＦＥ』が書かれているということでした」（『すいません、ほぼ日の経営。』より）

「ほぼ日手帳」は「ＬＩＦＥのＢＯＯＫ」と呼ばれています。

手帳とはなんなのか？　そのことを深く考えていくことでいきついた本質的価値。それが「ＬＩＦＥのＢＯＯＫ」という言葉に表れています。

「手帳とはスケジュールを書くためのもの」という価値づけをしていたら、手帳は紙からより便利なデジタルに完全移行していたかもしれません。

でも、手帳の本質的価値を「ＬＩＦＥが書かれているもの」にしたからこそ、自由に思ったことを書き込んだり、なにかを貼りつけたり、絵を描いたりとさまざまな使い方が広がり、紙の手帳であることの価値が生まれたわけです。

これは、「考えを深める」という行為です。

一方、「ほぼ日手帳」はその楽しみ方を「広げる」こともやっています。

たとえば手帳のカバー。アーティストや企業とコラボレーションしたものを発売したり、実にさまざまなバリエーションを用意し、一人ひとりが自分らしい手帳をつくれるような広がりを提供しています。

また、「ほぼ日手帳」を使っている人たちの「使い方、楽しみ方の事例」を広く紹介したり、手帳をテーマにしたイベントを開催したりと、手帳の可能性を広げるさまざまなことにトライしています。

どうでしょうか？

「広げる」と「深める」、この2つが「考える」の基本です。

まずはこのことを覚えておいてください。具体的な「広げる方法」「深める方法」については第3章で解説します。

2

「考える」と「思う」はまったくの別物

人間は1日に6万回、なにかを考えているという説があるそうです。寝ている時間を除くと、ざっくり1秒に1回は思考していることになります（すごい！）。

その中身をひも解いていくと、毎日の6万回の思考は「考える」と「思う」に分けられ、そのほとんどは「思う」で占められているのではないでしょうか。

「考える」と「思う」の違い、説明できますか？

好きな人がいるときのことを思い浮かべてください。大好きな人です。

「いま、なにやってるかな？」「こないだのデート楽しかったな」……頭の中は好きな人のことで占められています。いつも相手のことを考えてしまう。こんな経験、ないでしょうか？

僕にもあります。いつも好きな人のことを「考えている」。

でも、この場合の「考えている」は、「思う」です。この本でテーマにしている「考える」とはちょっと違いますね。

英語でいうとthinkではなくfeelのイメージでしょうか。

「思う」は頭に浮かんでくる、感じること。
「考える」は目的のために意識的に思考すること。

でも、「思う」を「考える」だと誤解しているケースが、実はよくあります。

「一生懸命考えたんですが、答えがまったくわかりませんでした」
そんなことを言う人がいます。

この場合、「考えている」のではなく、「思っている」状態がほとんどです。それだと、なかなか答えは出せません。

また、「知っている」ことを「考える」と勘違いしているケースもあります。

「プランを一生懸命考えました！」と本人は思っていても、よく見てみると、調べたものをまとめただけというケースがあります。

もちろんなにかを考えるうえで、調べること、インプットすることは準備として大切です。インプットがないと、考える元になる材料がないわけですから。

でも、**インプットはあくまで「考えて答えを見つけるための材料」です。**

調べること、まとめることはゴールではないですよね。

学生時代、ノートをまとめるのがすごく得意なのに、成績はイマイチ、という人はいませんでしたか？　この場合、ノートにまとめることが目的になってしまっているわけです。これと同じことをやってしまうことがあります。

いくら調べても、そこに答えはありません。あるのは、材料やヒントであって、「考える」というプロセスがないと答えは導き出せないのです。

「考える」と「思う」は違う。「考える」と「知っている」も違う。

このことも知っておいてください。

ブルース・リーの名言に Don't think, feel. という言葉がありますが、この本ではこう言いたいと思います。

Don't feel, think.

3
考えるには「論理的に考える」と「非論理的に考える」がある

3つめは『ロジカルシンキング＝「考える」ではない』ということ。

考える＝「論理的思考」と思われがちですが、実は「考える」には「論理的に考える」と「非論理的に考える」の2つがあります。


たとえば、最寄りの駅から自宅までの帰り道を考えてみましょう。

帰り道はいくつもあり、どの道を選ぶかは目的によって違ってきます。

「最短で家に着く道で帰りたい」

「夜道が暗くて怖いから、できるだけ明るい道を選んで帰りたい」

「運動不足だから、少し遠回りして帰りたい」

どれも、目的からスタートして、論理的に考えて帰路を選択しています。つまり「論理的に考える」ことをしているわけです。

論理的思考では解決できない問題もある！

一方で、論理的思考が不得意な分野もあります。

たとえば、これまでにないまったく新しい商品を世に生み出したい場合、「論理的に考える」では壁にぶつかってしまうことがあります。

論理的思考でよくあるのが、市場の動向や販売実績、競合調査などの膨大なデータを蓄積し、それをベースに「考えていく」というケース。エビデンスとしてデータが活用されますが、ここには大きな弊害があります。

それは「データがないと決められなくなる」ということです。それによって、新しい発想が生まれなくなってしまう。どこかで誰かがやっていることの二番煎じ、三番煎じばかりになってしまい、結果、独自性を失っていく。会社の中で起きていることじゃないでしょうか。

データはあくまでも「過去」の情報です。
一方で、「考える」は未来にベクトルが向いています。

いままでにないものを「考える」、これから社会がどうなるかを「考える」。この場合の「考える」は、「未来を考える」ということです。

「未来」は誰にもわかりません。だから、ロジカルに考えるだけではなかなか答えが導き出せないことがあります。

そのときに必要なのが、**「非論理的に考える」**です。

「非論理的に考える」から大ヒットした商品があります。

「ガリガリ君リッチコーンポタージュ」です。

発売されたときは度肝を抜かれました。僕の第一印象は、「アイスにコーンポタージュって、どう考えてもまずそう」でした。同じように思った人は多いんじゃないでしょうか?

でも、この新しさ、驚きと怖いもの見たさが、この商品を大ヒットに導きました。この商品の当初のマーケティングコストは15万円だそう! それがSNSなどで拡散され、広告費換算で5億円以上の効果になったそうです。

アイスにコーンポタージュを組み合わせるなんて、データや論理的思考からはなかなか生まれないですよね。

この商品を生み出したのは20代の若手社員だそうです。きっかけは、ガリガリ君のリッチシリーズに対する小売業の方からの厳しい指摘でした。

「最近の『ガリガリ君』のリッチシリーズ、攻めてないよね。守りに入ってんじゃないの?」(『ガリガリ君の秘密』より)

ガリガリ君を発売している赤城乳業は「遊び心」や「冒険心」を大切にしている会社ですが、このリッチシリーズにそういった要素が感じられなくなっていたことを重く受け止め、原点に立ち返り新しい商品の企画を考えていったそうです。

コーンポタージュに目をつけたきっかけは、人気のお菓子「うまい棒」のコーンポタージュ味。コーンポタージュとアイスを組み合わせたらいけるんじゃないかという思いが生まれたそうです。

新商品を投入するかどうかを決める社内の最終意思決定会議では、「味が新しすぎる」など否定的な意見も多かったとのこと。普通そうなりますよね。

でも、「みんながいいぞっていうのはたいして売れない。〝失敗してもいいから好きにやってみろ〟と社長が覚悟を決めれば、みんな自由に動きだす」、そう社長が決断し、商品化が決まりました（この詳細は『ガリガリ君の秘密』という本に載っています）。

「ガリガリ君リッチコーンポタージュ」は、直感と思いという非論理的なところから生まれた商品です。

論理ではなく、直感や思いなど、非論理的なところからはじめる思考法は、先が見えないいまの時代を生きていくうえで、より求められていると思います。

仕事に「遊び心」が必要なワケ

非論理的に考えるときに僕が大切にしていることがあります。

それは「遊び心」です。

ガリガリ君のコーンポタージュ味も遊び心に満ち溢れていますよね。

人は「正しい」ことだけでなく、「おもしろい」「楽しい」、つまり「遊び心があるもの」にひきつけられます。自分自身だって、「おもしろい」「楽しい」を考えるほうが楽しいですよね。

でも、日常の中では、真剣になればなるほど、「おもしろい」「楽しい」という「遊び心」が忘れ去られてしまいがちです。

「おもしろい」「楽しい」と言うと、仕事の場では「おまえ、仕事を遊びと勘違いしてないか！」なんて怒る人もいます。

でも、これは間違いです。

子どもの学校の成績を上げたければ、勉強をおもしろくする。ダイエットが続かなければ、楽しくやせるための工夫をするのです。

「考える」ときには「遊び心」も加える。

それが「非論理的に考える」ための大事なポイントです。

「論理」と「非論理」の両方を手なずけることで、自分の「考える力」をレベルアップさせていくことができます。

この章で覚えてほしい3つのポイント

1　考える＝「広げる」＋「深める」

2　考える≠知っている

3　考える＝「論理的」＋「非論理的」

コラム1

人類の長年の課題「習慣化」

「考える技術」をインプットしても、使わなかったら意味ないですよね。「考える」を習慣化することが大切ですが、それがわかっていても習慣化するのはなかなか難しいものです。

「考える」ことに限らず、習慣化は人類の長年の課題なのかもしれません。ダイエットしたいけどなかなかやせる習慣が身につかない。勉強したいけど、すぐゲームしたくなる。家が散らかっていて整理整頓を習慣化できない。誰でもなかなか習慣化できないことがあるはずです。

習慣化には「3つの強敵」がいます。

・強敵1　忘れる
・強敵2　飽きる
・強敵3　頑張る

最初の敵は「忘れる」です。

インプットしたのに使うのを忘れてしまうこと、ありませんか？

「忘れる」の攻略法、それは単純な方法です。

「手帳、スマホなどにメモしておく」「書いた紙を目につくところにひたすら貼っておく」「誰か身近な人に公言して、忘れていたら指摘してもらう」などです。

ちなみに、お恥ずかしい話ですが、僕はよく自宅のトイレの電気を消し忘れていました。そこで妻はトイレの中や外に「トイレのでんき消す」というメモを貼りつけています（いまも）。おかげで、だいぶ消し忘れが減りました。子どもみたいですが、これはけっこう効きます。

2番目の敵は「飽きる」です。「面倒になる」ともいえます。

ダイエットを例にとるとイメージしやすいかもしれないです。最初の1週間は続けられても、そのダイエット法にすぐに飽きてしまう。そして、一度挫折するとそこでダイエット終了。「あー、自分はなんてダメなやつなんだ。食欲に負けてばかりだ」。しばらくすると、次の新しいダイエットにまた挑戦をして、同じことを繰り返してしまう。

そんな強敵にどう挑むか。

「飽きる」にはこう考えて闘うのはどうでしょうか。

「飽きたっていい。飽きたら次の方法で挑戦すればいいのだ」

解説します。

ダイエットでいえば、1週間で飽きたら、次の1週間はほかのダイエット法に挑戦し、また次の1週間は違う方法に挑戦する。そうやって、やり方を変えていきながらダイエットを継続させていけばいいのです。

1週目が食べもの系ダイエットならば、2週目は運動系に、3週目はメンタル系で、4週目はまた食べもの系をやってみる。そうやって飽きないように目先を変えていく。でもダイエットそのものは続いているから、少しずつやせていきます。

そうやって、ダイエットを習慣化させていくのです。

どうですか、これならできそうじゃないですか？

3番目の敵は「頑張る」です。

えっ、「頑張る」はいいことなんじゃないの？　と思われるかもしれませんが、「頑張る」は挫折を生む危険因子です。

「頑張る」とは、意志の力に頼ろうと思うこと。最初は努力して、頑張って、意志の力で乗り切ろうとする。

でも、意志の力には限界があるのをご存じですか。意志は無限にわいてくるわけではなく、意志は使いすぎると枯渇してしまうのです。このことは心理学でもいわれています。

勉強に置き換えるとイメージしやすいかもしれません。

テスト前の一夜漬けはすごく頑張れるけど、テスト後も同じように頑張れるかというとそんなことはないですよね。短期間であれば頑張りに頼ることで成果は出ますが、中長期で続けていくためには頑張りは禁物です。

頑張らないコツは、「やりすぎない」「急がない」「楽しむ仕組みをつくる」

です。

たとえば、勉強ならばその日の勉強する量を無理のない範囲にしておき、時間がきたら途中でも止める。次の試験で大幅に成績を上げようとしない。好きなところから学んでいく、などです。

「努力と習慣化」に関しては、僕が関わった書籍『ざんねんな努力』に詳しく書かれていますので、よかったら読んでみてください。物語形式のおもしろい本です。

強敵に勝利し、一度習慣化させてしまえば、それは自動システムが自分の中に導入されたようなものです。お風呂に入ることや歯を磨くことと同じように、日常の中に取り込むことができるはず。

頑張らないでやってみてください！

第2章

「考える技術」で未来は変えられる

普通だったものが、ちょっとしたことですごく魅力的なものに生まれ変わる！

「町中華」という言葉をご存じですか？
昔からある、ラーメンと餃子とチャーハンが売りで、安くてボリューム満点、いわゆる町場の中華料理店のことです。これが「町中華」と命名され、いま若い女性にまで人気になっています。

あたりまえのように昔からあって、そこにスポットがあたることはそんなになかった中華料理店に、名前が付けられてテレビやＳＮＳで「町中華」として紹介されるようになると、すごく魅力的なお店に価値がチェンジして、人が押し寄せるようになりました。

中華料理店自体はなにも変わっていません。周りがその価値を再発見し、新たなネーミングをして、その価値を伝えていっただけのこと。

でも、実はこんなちょっとしたことがきっかけで、売れなかったものが急に売れ出したり、魅力的に見えていなかったものが急に魅力的になったり、そんなことがよくあるのです。

同じものでも、視点を変えるだけで、グッと魅力的になったり、これまでと違う価値が生まれたりするわけです。

ジャパネットたかたの創業者、髙田明さんはすばらしい「考える力」の持ち主です。ボイスレコーダーや電子辞書、デジタルカメラなどを大ヒットさせた話は、まさに「考える技術」を活用して生み出されたものではないかと思います。

ボイスレコーダーは、僕たち出版業界の人間からすると三種の神器のようなもので、取材でいつも活用しています。

ただ、一般家庭ではあまり使われることがない電子機器ではないでしょうか。ところが、髙田さんの視点は違いました。ボイスレコーダーの新しい価値を生み出し、それを消費者に伝えました。

「おじいさんやお母さんこそ使うべき」と勧めたのです。おじいさんには、歳を重ねると物忘れが多くなる。そんなとき、メモ代わりにボイスレコーダーに吹き込んでおけば物忘れが防げる。そのような使い方を提案しました。

お母さんには、仕事で不在のとき、学校から帰ってきた子どもに「お母さんは6時ごろに帰るからね。おやつが冷蔵庫に入っているよ」とボイスレコーダーに声を残しておけば、子どもはその声を聞いて安心できるという使い方を提案しました。

「取材などの音声を録音するためのもの」から「物忘れを防ぐもの」や「親子のコミュニケーションツール」に価値を変換させ、新しい価値を生み出したのです。その結果、何千台も売れる大ヒットになったそうです（詳しくは『90秒にかけた男』という本に書かれています）。

この例では、**新しい商品を開発したわけでもなく、既存の商品の魅力を全方位から考え、価値を横にずらして、新しい価値を発見したわけです。**

第3章で詳しく解説していきますが、ここでは「考える技術」の中の「360度分解法」と「ずらす法」が使われています。

「360度分解法」は、商品やサービスの魅力を全方位から出しまくる方法です。

「ずらす法」は、この場合なら既存の使い方ではなく、お客さんをずらして新しい魅力をつくっていく方法です。

高田さんはこのアイデアで商品を大ヒットさせました。

見事なまでに価値の再発見を成功させたこの話が、僕は大好きです。

「価値をつくること」は、これからの時代のキーワード。

価値を生み出す武器として、「考える技術」を活用してください。

「考える技術」はまだまだブルーオーシャン！

売上を伸ばすため、人間関係の悩みを解決するため、好きな人と付き合うため、お金をもっと増やすため……言い出したらキリがないですが、「考える技術」はあらゆることに活用できるといっても過言ではありません。

なのに、です。

この技術を身につけている人は思いのほか少ないようです。

以前、あるプロジェクトをはじめるときに、プロジェクトメンバー全員に、

「プロジェクトをベストなものにしたいので、みんなの持っている『考える技術』を言語化して、書いたものを提出してほしい」とお願いしたことがあります。

そのとき、みんなから上がってきたペーパーを見て、驚きました。思いのほか具体的なものが出てこなかったのです。隠している様子もありません。要は、言語化されている「考える技術」をみんな持っていなかったのです。つまり、仕事を感覚的にしていたのです。

なぜか？　教えてくれる場所がなかったからかもしれません。

もちろん本を読んだり、セミナーに行ったりしながら、自分で勉強していくことは可能です。でも、そういう人はむしろ稀で、系統立てて勉強したり、習得したりしないままの人が大多数なのではないでしょうか。

これは逆にチャンスです！　いまはまだ参入者が少ないブルーオーシャンです。早く習得してしまえば、あなたの強烈な強みになるでしょう。

思考下手＝料理下手!?

ここで、「考える技術」をマスターしていない人あるあるを紹介します。

Q プランAとプランB、どちらも捨てがたいプランです。どうしたらいいでしょうか？

「考える技術」がない人

↓Aか Bか？　どちらか2択にしてしまう

「考える技術」がある人

↓AもBも取り入れたものを考える

Q　上司から難しい課題を頼まれました。どうしますか？

「考える技術」がない人

↓いきなり考えはじめる

「考える技術」がある人

↓考える前に「目的の確認」「取材・調査・インプット」をする

ちょっと極端ですが、この2つの例はあるあるです。

いきなり考えはじめる人、意外に多いようです。
でも、**頭の中にインプットがない状態で考えはじめても答えは出ません。**
なのに、なぜかいきなり考えはじめてから答えを出そうとしています。

こういう人は、もしかすると料理も下手なのかもしれません。料理下手な人は、料理をするとき、いきなりつくりはじめることが多いそうです。全体の流れも確認せず、段取りも考えないままスタートしてしまう。

たとえば、野菜炒めなら、冷蔵庫にある野菜を順番に切って、フライパンに油をひき、どんどん炒めていく。

いまどき、ネットでレシピを調べればおいしい野菜炒めのレシピがごまんと出てきます。どうせ食べるなら少しでもおいしい野菜炒めを食べたいですよね。

レシピを見れば、効率的に料理ができます。それをしないから、時間をかけたのにあまりおいしくない料理ができあがってしまう。

思考下手な人も実は同じことをしています。これはもったいないですよね。

凡人でもベストセラーを連発できた！

僕はもともと、クリエイティブのセンスに長けているわけでもなければ、人に比べてなにか能力が高いわけでもありません。いわゆる平凡な人間です。

そんな僕がこれまでに1000万部を超えるセールスを記録する本を出すことができてこれたのは、「考える技術」によるところが本当に大きいと思います。センスや能力が高くなくても、凡人である自分でもできる方法をずっと考えてきました。

書籍編集のノウハウは、会社が持っていることは少なく、個人がそれぞれ持っていることがほとんどでした。そのため、優れたノウハウを持っている編集者は継続的に売れる本を出すことができ、逆にそういったノウハウを持っていない編集者は、なかなかヒットを出すことが難しいわけです。

そこに疑問を持ちました。それだと、その編集者がもし辞めてしまったら、ノウハウごと社外に流出してしまう。会社も強くなれない。

そこで、ノウハウが会社に残る仕組みをつくることに注力しました。

たとえ経験値が浅い人間でも多くの人に読んでもらえる本をつくるにはどうしたらいいか？　そこを考えました。

そのための方法として、ノウハウを言語化し、「考える技術」を共有できるようにしました。その結果、コンスタントにヒットを出し続けることができるチームになりました。

たとえば、「本のタイトルを考えるときには『かけあわせ法』『360度分解法』『正体探し』（第3章）が使える」などのマニュアルをつくったわけです。

「考える」には邪魔ものがたくさんいる！

考えることは大切だとわかっていても、考えることは面倒ですよね。

頑張って考えようと思っても、「考える」ではなく「考えてるつもり」になっていることもよくあります。テーマのまわりをぐるぐるとループしているだけで、まったく解決に向かわない。

そんな経験、ないでしょうか？

そう。**「考える」ことには、邪魔をする因子がたくさん存在しているの**です。

「集中力がなかなか続かない。すぐ違うことを考えてしまう」

「どうやっていいか、考える方法がわからない」

「周囲に忖度してしまい思考停止状態」

「情報不足でどこから考えていいかわからない」

「過去の経験を過信して、それが通用しなくなっていることに気づいていない」

「そういうものだと決めつけていて、考えないですませようとする。ついつい、思い込みで決めてしまう」

ざっと、こんなところが阻害因子になっています。

「考える」ことは面倒だし疲れます。もともと、人間はできるだけ考えないで生きられるように脳ができているからです。

「思う」は自然に起こるのに、「考える」は意識的にやらないとなかなかできない。意識的にやろうと思っても、邪魔するものがたくさんある。

でもご安心を。

阻害因子は、「考える技術」を身につけることで大幅に解決できるはずです。

たとえば、「続かない集中力」はノートを活用してください（第4章）。頭の中だけで考えるよりもずっと集中力が高まるはずです。

「考える方法がわからない」「忖度」「過去の経験への過信」「思い込み」は、この本全体で書かれているので、繰り返し読んでもらうことで解決できるはずです。

大切なのは、毎日の積み重ねです。

ほんの小さなことでも、1週間、1カ月、1年と積み重ねていくことで確実に変化していきます。気がつけば、考える技術が身につき、行動が変わり、脳も変化します。

そうなるとおもしろいもので、**その影響力は周囲にも広がっていき、他人の考え方や行動をも変えていく**のです。

よく、「人を変えたければ、まずは自分が変われ」といいますが、それはつまりこういう構造なんだと思います。

東大出身者の多くは「勉強の技術」を身につけている

以前、東大出身者に取材をしたことがあります。そのときに、東大生にはガリ勉タイプが意外に少ないという話を聞きました。

ならば、東大出身者はもともと地頭がいいから東大に行けたのでしょうか？

地頭がいいとは、自ら考え抜く力があり、考察力や判断力などに優れ、コミュニケーション能力が高い人のことをいいます。いわゆる「頭のいい人」が地頭がいいといわれる人です。

でも、取材を進めていってわかったことがあります。**東大出身者の多くが、勉強をはじめる前に、まず勉強法を学び、どうやって勉強したら効率的に結果につなげられるかを考えていたのです。**たとえば、これは有名な勉強法ですが、「数学は先に答えを見て、そこから解法を学んでいく」などです。

一方で、こんな話、よく聞きませんか?

英単語の勉強をいつもAからスタートして、途中で挫折。なので、やたらAの単語ばかり暗記していて、SやTから始まる単語は覚えられていない。日本史で縄文・弥生時代だけやたら詳しい。でも、明治以降はまったくダメ。なにを隠そう、僕がそうでした。

東大生は効率的でムダがない。一方で僕のような平凡な学生は頭から順に勉強していき、途中で挫折。その積み重ねが、東大に行けるかどうかの差になっているということだったんです。

勉強の技術も、考える技術と同じです。目的を設定して、目的に効率的にたどり着くための技術を身につけ、実践していく。

技術を身につけるだけで、結果は大きく変わっていくのです。

「考える技術」で人生を楽しくしよう！

「最近、なんかつまらないいんだ。仕事をしていてもワクワクすることがなくなってきて……」

友人からそんな相談を受けました。彼の話をよく聞いてみると、こういうことでした。

「仕事はうまくいっているんだけど、長年同じことをやってきているので飽きてきた。でもいま自分がなにをしたいかはよくわからない。だから、なんとなく仕事をこなしている日々を送っている。どうやっていまの状況を変えればいいのかわからない……」

彼のような優秀な人間がこんな思いで生きているなんて、ほんともったいない。原因はどうも「思考のクセ」にありそうです。人間の脳は、習慣化された方向、慣れ親しんだ方向へと思考を導きやすくできています。

人生は1回きりです。つまらない人生はもったいないですよね。どうせなら楽しく、幸せな人生を送りたい。

でも、なかなかそうはいかないものです。

阻害するのはなんなのでしょうか？　環境？　能力？　意思？

最大の要因は「思考のクセ」です。

たとえば、「自分には大切な家族がいるから、好きなことはできない」。これは行動できない理由の上位によく出てきます。

でもこれ、本当でしょうか？

先ほども書きましたが、これは「考える技術」がない人あるあるの「2択思考」です。

- 「家族がいる」↓「家族を養わないといけない」↓「嫌な仕事でも辞めずにやる」
- 「好きなことで食っていける人は特別な人」↓「自分にはそんな能力はない」↓「自分には無理」

きっとこういう思考が頭の中で起きています。

でも、「考える技術」をマスターすると、頭の中ではこういう思考プロセスを起こすことも可能です。

・「家族がいる」→「家族には、嫌々ではなく自分が楽しく生きている姿を見せたい」→「それを見て家族も喜んでくれる」

・「好きなことで食っていける人は幸せな人」→「自分も幸せな人の仲間入りしたい」→「どうしたら好きなことで食っていけるか考えてみよう」

次は「どうしたら好きなことで食っていけるか」を「考える技術」にあてはめます。なにをするかが見えてきたら、あとは行動するだけです。

松岡修造さんが日本一熱い男になれた理由

人生は、恐ろしくシンプルな原則でできています。

人生 ＝ 思考 ＋ 行動

なにを考えて、なにを行動に移すか。その結果があなたの人生を、未来をつくります。

これから10分間、ダラッとヒマつぶしの動画を見るか、それとも社会のために自分にできることはなにかないかと考えるか、それだけで人生は大きく変わるはずです。この積み重ねがあなたの未来です。

毎日、から揚げ大盛りの店に食べに行っていたら、未来はデブになります。「から揚げが食べたい」→「から揚げを食べに行く」。デブも思考と行動の積み重ねの結果なのです。

思考と行動がつくるものは、未来だけではありません。性格もそのひとつです。

僕はこれまで松岡修造さんの本を4冊担当させてもらいました。松岡さんといえば、日本一熱い男。天気すら左右するといわれるほどです！　そして、超ポジティブな人でもあります。

でも、松岡さんはもともと消極的な性格だったそうです（詳しくは『松岡修造の人生を強く生きる83の言葉』を読んでみてください！）。

ポジティブな性格は、松岡さんが思考してきたことの「積み重ね」でできたものだったのです。

これからの人生をどう生きていきたいか、未来にどうなっていたいか、それを実現させるも、させないも、あなたの思考次第です。

つまり、思考ファースト！　あたりまえのようですが、メチャクチャ大切なことです。

考える前に行動しろ、とか言われても、普通の人には難しい。やっぱり思考を変えることが一番です。

人生は思考ファーストで！

コラム2

失敗は最強のインプット

僕は人に自慢できることがひとつあります。それは、失敗の数がものすごく多いことです。

20代のころは、特にたくさん失敗をしました。上司からはしょっちゅうダメ出しを受けていましたし、有名俳優に喫茶店で殴られた経験もあります。ほかにも、ここでは書けないような失敗をたくさんしています。

数多くの失敗が教えてくれたことがあります。

それは、「失敗は最強のインプットである」ということです。

なぜなら人に迷惑をかけたり自分自身も痛みを感じたりと、失敗には痛烈な感情を伴うからです。強い感情を伴った経験は、人の心に長く残り続けます。昔の失恋経験を思い出すと、いまでも胸がきゅっと締めつけられる。そんな感じに似ています。

ただ、失敗を最強のインプットにするためには、ひとつやらなければいけないことがあります。「反省会」です。「反省会」で失敗したことを振り返り、なぜ失敗したのか、どうすれば失敗しないですんだのか、今後自分の人生にこの失敗をどう生かすのかを考えるのです。

後悔で終わらせるのではなく、必ず「反省会」をすること。それが失敗を最強のインプットにする方法です。

僕のルーチンのひとつにも「月1回の一人反省会」があります。

「一人反省会」では、ノートを使って、失敗したこと、うまくいかなかったことを1カ月分振り返ります。その際やることは「失敗の原因を考えること」「今後失敗しないためにどうしたらいいかを考えること」です。

失敗の原因を探っていくと、いろいろ見えてきます。

これまでの自分の経験でいうと、失敗には失敗した明確な理由があります。書籍の場合、企画の段階でのミス、制作の段階でのミス、プロモーションや販売戦略の段階でのミスなど、必ずどこかに失敗の理由があるのです。そこを見つけていくことで、精度が上がっていくのです。

ただ反省をしたからといって、失敗が一切なくなるわけではありません。変化が激しい時代です。以前は通用したやり方が通用しなくなることもしょっちゅうです。だからこそ、きっちりタイムリーに反省をしていく必要があるんだと僕は思います。

第３章

「考える技術」を思い通りに使いこなす

アイデアは浮かんでくるものではなく、つくるもの

この章では、具体的に「考える技術」を身につけ、答えやアイデアを生み出す方法を解説していきます。

アイデアマンという言葉があります。創造性に富んでいて、他人が思いつかないことを思いつく。

これは特別な能力ではなく、多くの人ができることです。ただ、これまでその方法があまり公開されてこなかっただけなんだと思います。

アイデアを生み出せるのは特別な能力、スキルを持っている人だ
↓誤解
アイデアは方法さえわかれば誰でも生み出せる
↓正解

「考える技術」でアイデアを生み出すためには、３つの大切なルールがあります。

ルール１　ゴールを決める
ルール２　インプットして現状を整理する
ルール３　考える＝「考えを広げる＋考えを深める」

この法則に沿って考えていけば、大丈夫。難しいことはなにもありません。
ひとつずつ見ていきましょう！

ルール1

ゴールを決める

ときに思考の迷路に迷い込むことがありますよね。

その理由はゴールがはっきりしていないからじゃないでしょうか。

すべての思考にはまず「ゴール（＝目的）」の設定が必要です。

たとえば「悩み」の多くはゴールがわからなくなることで起きています。悩んでいる時間は、はっきり言ってもったいない時間です。

1日は誰でも平等に24時間ありますが、その質は人によってまったく違います。1日の濃さが16時間くらいの人もいれば、25時間にも30時間にもなっている人もいます。

その差を生む原因のひとつが「悩み」です。

悩んでいる時間は、あなたの人生の時間を奪っていきます。

悩みは、不安という感情に支配され、頭の中がモヤモヤした状態です。頭の中はすっきりクリアだけどウジウジ悩んでいる、なんて状態はないですよね。

モヤモヤというのは、霧の中を車で走るみたいなもの。進むべき方向が見えない状態です。

でも、悩みに対してゴールを設定すると、霧は晴れていきます。

たとえば、「Aさんに嫌われているんじゃないか」という悩み。ゴールを「Aさんから嫌われないこと」にするのか、「Aさんと距離を置くこと」にするのか、決めたゴール次第で取るべき策はまったく変わります。

ゴールを設定すれば、悩みの半分は解決したようなものです。

あなたのお金の不安は、貯金だけで消えますか？

編集の仕事をしていると、さまざまな分野の専門家に会います。これは、お金の専門家から聞いた話です。

「お金の不安を持っている人がすごく多いんです。将来への不安です。じゃあ、その不安を払拭するためにどうしているかというと、この超低金利時代に貯金しかしてない。もちろん貯金をすることが悪いわけじゃないんですが、それだといつまでたってもお金の不安を解決できないのに、それしかしてない人が多いんです。解決策を見出せないままなんですよね」

たとえば、「老後資金として2000万円が必要」というニュースを見て、「将来のお金が不安だから、毎月3万円の貯金をしている」という43歳の人がいます。貯金で貯まるお金は1年で36万円。70歳まで働くとして、これから27年貯めて金利ほぼ0％で考えると、972万円です。これはわかりきっていることですが、「2000万円が必要」という目的を達成できません。退職金や相続がないと考えると、月々の貯金額は倍の6万円が必要です。

思考の現場でもこれと同じことがよく起きています。

仕事の打ち合わせや会議で、意見が合わず感情的なぶつかり合いになっているシーンを見たことはないでしょうか。

これはゴールの設定を忘れて、「頭にきた！」「否定された！」などの感情だけで激論が起きているケースがほとんどです。そのうちなんの議論をしているかもわからなくなってしまうことさえあります。

でも、打ち合わせメンバーでゴールを設定し共有できていれば、ケンカのような議論にはなりません。ゴールに向かった前向きな議論ができるはずです。

仕事で起きるトラブルの多くは「ゴールを設定できていない」ために起きているのです。

手段を目的化させない

「常識」も気をつけたほうがいい要素です。「常識」は思考停止を生みがちなので、疑わないままだとゴールとプロセスが入れ替わり、「手段の目的化」が起きてしまうこともよくあります。

教育改革で有名になっている千代田区立麹町中学元校長の工藤勇一さん（現・横浜創英中学・高等学校校長）は、教育の現場に横行している「手段が目的化されてしまっていること」をストップさせて、学校改革を行っています。

工藤校長の著書『学校の「当たり前」をやめた。』には、麹町中学で行った事例が多数紹介されています。なんと、宿題、中間・学期末テスト、固定担任制などをやめてしまいました。

その考えのベースは「そもそも学校はなんのためにあるのか？」ということ。そこから思考をスタートさせたとき、手段だったはずの宿題や中間・学期末テストが目的に変わってしまっていて、学校の本来の目的である「社会の中でよりよく生きていけるようにする場所」という部分が忘れ去られてしまっていることが、いまの学校の最大の課題だと気づいたそうです。

これはなにも学校に限った話ではなく、会社でも、家庭でも、日常生活の中でも、普通に起きていることですし、なにかを考えるときに頻発している問題でもあります。

「ゴールを決める」とは、「そもそもからはじめる」ことです。

そうすれば迷路に迷うことなく、考えていくことができるようになるのです。

まとめ

「ゴールを決める」。迷ったら途中でゴール（＝そもそも）に戻る。

ルール2

インプットして現状を整理する

「考える」は無理やりひねり出すのではなく、現状の整理からはじめます。現状整理で必要なことは、次の3つの過程です。

1　課題を決める
2　必要な情報をインプットする
3　インプットした情報を整理する

ひとつずつ見ていきましょう。

1　課題を決める

まずは課題の設定です。「ゴールに向かうための課題はなにか」を決めます。
たとえば、ゴールが「Aさんとデート」であれば、課題は「彼女が自分に関心がない」というような感じです。ほかにも次のような例があげられるでしょう。

（ゴール）ヒットする新商品の開発
↓（課題）ヒット商品のつくり方がわからない
（ゴール）年間100万円の貯金がしたい
↓（課題）月々5万円貯金を増やす必要がある

2 必要な情報をインプットする

次に、必要な情報をインプットしましょう。

インプットで大切なのは、**課題を解決してゴールに向かうためのインプットをする**ということ。やみくもなインプットではなく、目的を明確にしたインプットが必要です。

目的を明確にすると「カラーバス効果」と呼ばれる現象が起きます。人間の脳は「意識している情報が、自然と目に入ってくる」という能力を持っています。おもしろいもので、意識していないときにはたとえ視界に情報が入ってきても気づきもしなかったことが、意識し出した途端に目に飛び込んできます。脳が自分にとっての重要度を判断してくれるのです。

ただし、インプットには注意点があります。

それは**「時間をとられすぎない」**こと。

たとえば、情報収集。本当に重要な情報はネットで検索しても出てこないことがほとんどです。なので情報を集めるときは情報源にあたることが大切だといわれます。

でも、こと「考える」ための情報は、僕はまずは本とネットでインプットするのがいいと思っています。理由は「時間をかけすぎないため」です。

僕はなにか新しいことを考える場合、まずそのテーマに関連する本を5冊ほど読み、ネット情報を10本ほど集めます。

本のよさは、そのテーマの専門家が本の著者であることがほとんどなので、専門家の知見を手に入れることができます。

本を選ぶときは、まず書店に行き、探しているテーマの本を立ち読みします。**自分が欲しい情報が載っているかどうかは、やはり中を読んでみないとわかりません。**実際に立ち読みをしてまずは必要な本を探します。

ただ、書店には少し古い本などは置かれていないケースもあるので、足りない部分はアマゾンや楽天ブックスなどのネット書店で探します。


ネットでは課題解決のヒントになる異なる切り口の情報を10本集めることで、広がりを考えることができます。

たとえば、好きな人とのデートプランを考えるとします。検索すれば数多くのデートプランが見つかるでしょう。

このときに定番デート、サプライズデート、ダメデート、奇抜デートなど、デート情報をさまざまな角度からインプットしていくのです。10本ほどネット情報を集めるだけでもデートの全体像はつかめるはずです。

僕の場合、ネット情報は「事例を集める」ことにも使います。事例には考えるうえでのヒントが詰まっているからです。

たとえば、いままで挑戦したことのないジャンルの本を出版しようと思った場合。どうやって多くの人にそう本の存在を知ってもらうかを考えるために、自分の知らない届け方はないか、事例を集めます。

もちろん、情報そのものが間違っていたり、いい加減な情報はNGです。そこの見極めは必要ですが、本とネットで情報を集めることでとにかく時間を短縮できます。

情報の質を上げることに時間をかけると、情報収集が目的化してしまいがちです。目的は別にあります。

たとえば、おいしい料理のレシピを考えようと思い、素材を集めることに時間をかけてあちこち飛び回るよりも、まずはスーパーで買える食材でどうしたらおいしい料理になるかを考えるほうが先決です。

100%ではなく、60%くらいのインプットができたら先に進む。

インプットに時間を使いすぎないようにしましょう。

3 インプットした情報を整理する

次にインプットした情報を整理します。その際にポイントが2つあります。

・人間の心にある普遍性、本音を考えながら情報を整理する

「面倒が嫌い、楽なことが好き」「おもしろいものが好き、つまらないものが嫌い」「みんながいいと言うものが好き」「将来に不安を持っている」「ずっと元気でいたい」など、多くの人に共通する人間の本音を考えましょう。

顕在化されたものではなく、潜在的なところを見つけ出します。

そうすることで、情報の真偽や本質を見誤らずにすみます。

・インプットした情報を疑う

僕はよく仕事でこういうことを言います。「編集者には性悪な視点が必要」と。

いい人になると、なんでもよく見えてしまいます。なんでもOK！　いい考えだ！　となってしまい、本来なら一度立ち止まって「考える」必要があるところもスルーしてしまう可能性があります。だから、「疑う」「信じない」「つっこみ

を入れる」からはじめるわけです。このことは、237ページに詳しく書いていますので、そちらを読んでください。

まとめ

100点を目指さず、まずはこの3ステップに沿って実践しよう！

ルール3

考える＝「考えを広げる＋考えを深める」

「考える」には、繰り返しになりますが、２つの要素があります。

- **考えを広げる**
- **考えを深める**

イメージは次ページの「思考観覧車」です。テーマを真ん中に置き「広げる」「深める」を行います。

思考観覧車

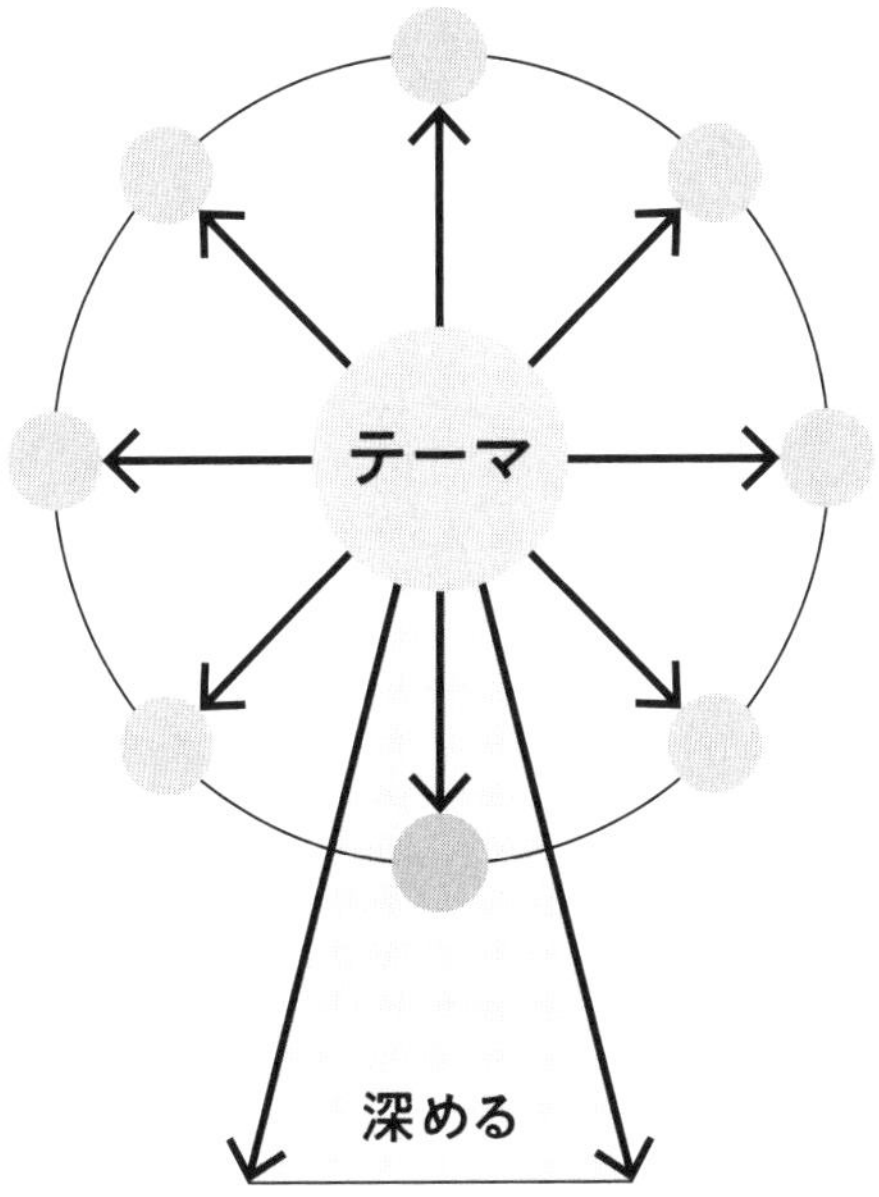

「考える」は「広げる」と「深める」

では、具体的にどうやって「広げるか」「深めるか」、その方法を紹介します。

・考えを広げる方法

・「かけあわせ法」↓スティーブ・ジョブズも使っていた新しいものを生み出す方法

・「数珠つなぎ連想法」↓既存のものに新しい魅力、価値を発見したいときに

・「ずらす法」↓どんづまりの課題を解決したいときに

・「脱2択」↓選択に迷ったら

・「まとめる法」↓小さなことを価値に変換できる方法

・「あったらいいな」↓思いや夢を実現したいときに

・考えを深める方法

・「360度分解法」↓「いいところ」「強み」が見つかる
・「ポジティブ価値化」↓弱み、短所を強み、長所に変える
・「自分ゴト、あなたゴト、社会ゴト」↓説得力がグッと高まる方法
・「すごろく法」↓ゴールへの最短距離を見つけたいときに
・「正体探し」↓人の心の中にある見えない心理を見つける
・「キャッチコピー法」↓たくさんの人に魅力を届けたいときに

これらの方法は一つひとつでも使えますが、いくつかの方法を組み合わせて使うと、さらに思考の幅が広がります。

たとえば、新しい本の企画を立てるとき。僕は「あったらいいな」でまずは考えはじめます。

次に「かけあわせ法」や「数珠つなぎ連想法」「ずらす法」を使って企画の中身を具体的に考えていきます。

企画のベースができたら、「すごろく法」や「自分ゴト、あなたゴト、社会ゴト」などを使って企画の意味づけをしていきます。

また、企業の商品プロモーションの仕事を受けた場合。「360度分解法」で全体を理解し、「ポジティブ価値化」で強みをつくり、それを伝える方法を「キャッチコピー法」「かけあわせ法」「ずらす法」などを使ってプランニングしていきます。

このようにいくつもの方法を絡めながら、考えていくわけです。

ぜひ、あなたのテーマ、課題に合わせて具体的に活用してみてください。

考えを広げる方法 1／6

「かけあわせ法」

スティーブ・ジョブズは「創造とは結びつけることである」と言ったそうですが、結びつけること＝かけあわせることだと僕は思っています。

「うんこ漢字ドリル」「乳酸菌ショコラ」「ロボット掃除機ルンバ」「ハンディー扇風機」……ヒット商品の多くが「かけあわせ法」から生まれています。

「かけあわせ法」のポイントは、**出会ったことがない言葉と言葉を合わせること。**

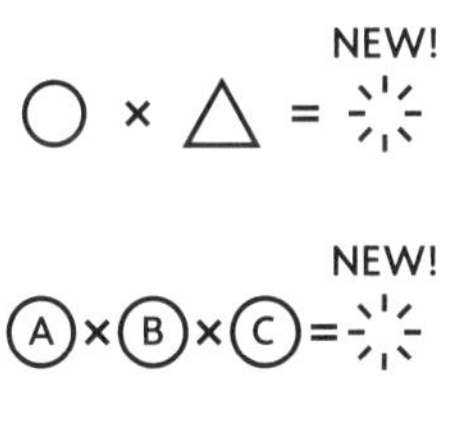

脳はロジカルに考えることが得意です。

でも、ロジカルには限界があります。それは、ロジカルに考えれば考えるほど、どこかあたりまえだったり、既視感のあるものしか考えられなくなってしまいがちということです。「論理的に考える」と「非論理的に考える」。その両輪が必要です。

新しいアイデアは、自分の脳の外に出て、思いもよらなかったものを出会わせることで生まれます。

たとえば、大ヒットした「うんこ漢字ドリル」。「うんこ」と「漢字ドリル」の出会いをつくったことは本当にすばらしい発想です。

言われてみれば、子どもはうんこが大好きです。この「言われてみれば」という部分がヒットするものに共通するポイントでもあります。

ヒットの重要な2大要素は「新しさ」と「共感」です。

「言われてみれば」には共感があります。

僕が関わった本にも同じように、「かけあわせ法」で大ヒットしたものがあります。2019年の年間ベストセラーで4位に入った『医者が考案した「長生きみそ汁」』、80万部のベストセラーになった『はじめての人のための3000円投資生活』、同じく10万部を超えるベストセラーになった『歯科医が考案 毒出しうがい』などです。

『医者が考案した「長生きみそ汁」』は、「医者」×「長生き」×「みそ汁」という、出会ったことがない3つの価値をかけあわせた企画です。

「医者」への信頼感、「長生き」という多くの人の欲求、発酵食品として体によいと認知されている「みそ汁」、この3つをかけあわせたとき新しい価値が生まれました。
その結果、本は大ヒットしました。この本の中に出てくる、みそとリンゴ酢がスーパーから一時消えるほどでした。たくさんのみそメーカーの方からは「これまで経験したことがないくらいのみそのプロモーションになった」と喜んでいただけました。

「かけあわせ法」を使って、人気観光地になった寺院もあります。そこは、以前は来院者が少なかったのだそうですが、お庭のお花がきれいなことがその寺院の自慢だったそうです。そこで、こういうかけあわせでアピールしました。

寺院 × お花 × インスタ映え

花がただ庭に咲いているのではなく、インスタ映えするように工夫をしました。
すると、それが実際にインスタグラムで拡散されていき、その後テレビの取材が何十件も入り、いまでは大人気寺院になったそうです。

元中学校校長で、教育改革実践家の藤原和博さんはこれからの時代に勝つ人材について、**自分自身をレア化することが大切**と書いています（詳しくは『藤原和博の必ず食える1％の人になる方法』という本に書かれています）。

ひとつの仕事をものにするのに人間はだいたい1万時間を要するといわれていますが、1万時間を使ってその分野のプロレベルになったら、違うキャリアでまた1万時間の経験を積む。そうやって3つのキャリアをものにすれば、超レア人材になるという考えです。

ひとつのキャリアが「100分の1」で、「100分の1」×「100分の1」

×「100分の1」＝「100万分の1」の人材というわけです。つまりは3つのキャリアをかけあわせるということです。

このように、**自分自身をブランディングするときにも、「かけあわせ法」は使えます。**

奇跡の出会いを求め、とにかく数、数、数！

「かけあわせ法」のやり方は、とても簡単です。

まずは中心のキーワードを考えます。あとは、そのキーワードに目にしたもの、思いついた言葉をとにかくかけあわせてみて、**奇跡の出会いが生まれるまでそれをひたすら続けるのです。**

たとえば、「社員の離職率を下げるプランを考える」という課題があるとしましょう。この場合、真ん中のキーワードは「脱離職」になります。そこにどんどん言葉をかけあわせていくわけです。

・脱離職ランチ
・脱離職休暇
・脱離職表彰
・脱離職プレゼント
・まいにち脱離職
・週一脱離職
・脱離職有名人
・脱離職チャンピオン

思いつくままに書いているので、なんのことかわからないものも出てきます。

でも、こうやってかけあわせることで、「あれ、これってなにかできそうじゃないか」とか「これ実行したら効果ありそうじゃないか」なんてものが出てくるはずです。

アイデアの素が出てきたら、今度はさらに具体的に考えていきます。

かけあわせが、自分自身もまったく思いもよらなかったようなおもしろいものを生むきっかけになることがよくあるのです。

まとめ

かけあわせるものは、「思いつくもの」からでＯＫ！

考え を広げる方法 2／6

「数珠つなぎ連想法」

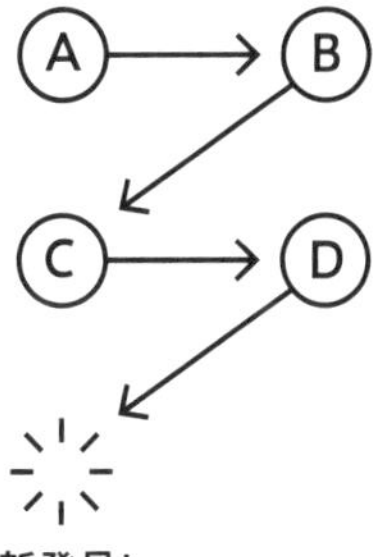

「かけあわせ法」が出会ったことがないもの同士をかけあわせるのに対して、「数珠つなぎ連想法」は**出会ったことがあるもの、イメージできるものをどんどんつなげていく方法**です。**既存のものに新しい魅力、価値を発見したいときに使ってみましょう。**

難しく考える必要はありません。考えるテーマを真ん中に置き、全方位に数珠つなぎでどんどん連想をつなげていき、外へ外へと思考を広げていきます。

例をあげながら説明していきます。

テーマは「さびれてきている商店街の活性化」です。

まず真ん中に「商店街」と書き込みます。そこから連想して、「食べ歩き」「パワースポット」「ウォーキング」「人」「サードプレイス」「イベント」「住民」「アウトプット」などなど、思いつくままに広げていきます。

さらに、「食べ歩き」から「弁当」「中食」「サブスク」などとつなげていきます。「パワースポット」なら「歴史」「占い」「神社」「お寺」、そこからさらに「合格祈願」「巡礼」などとつなげていきます。

そうやって、どんどんつなげていき、ノートに書き込んでいきます。

白いノートが連想でいっぱいになったら、そこから今度は自分たちの商店街で活用できそうなことを探していきます。

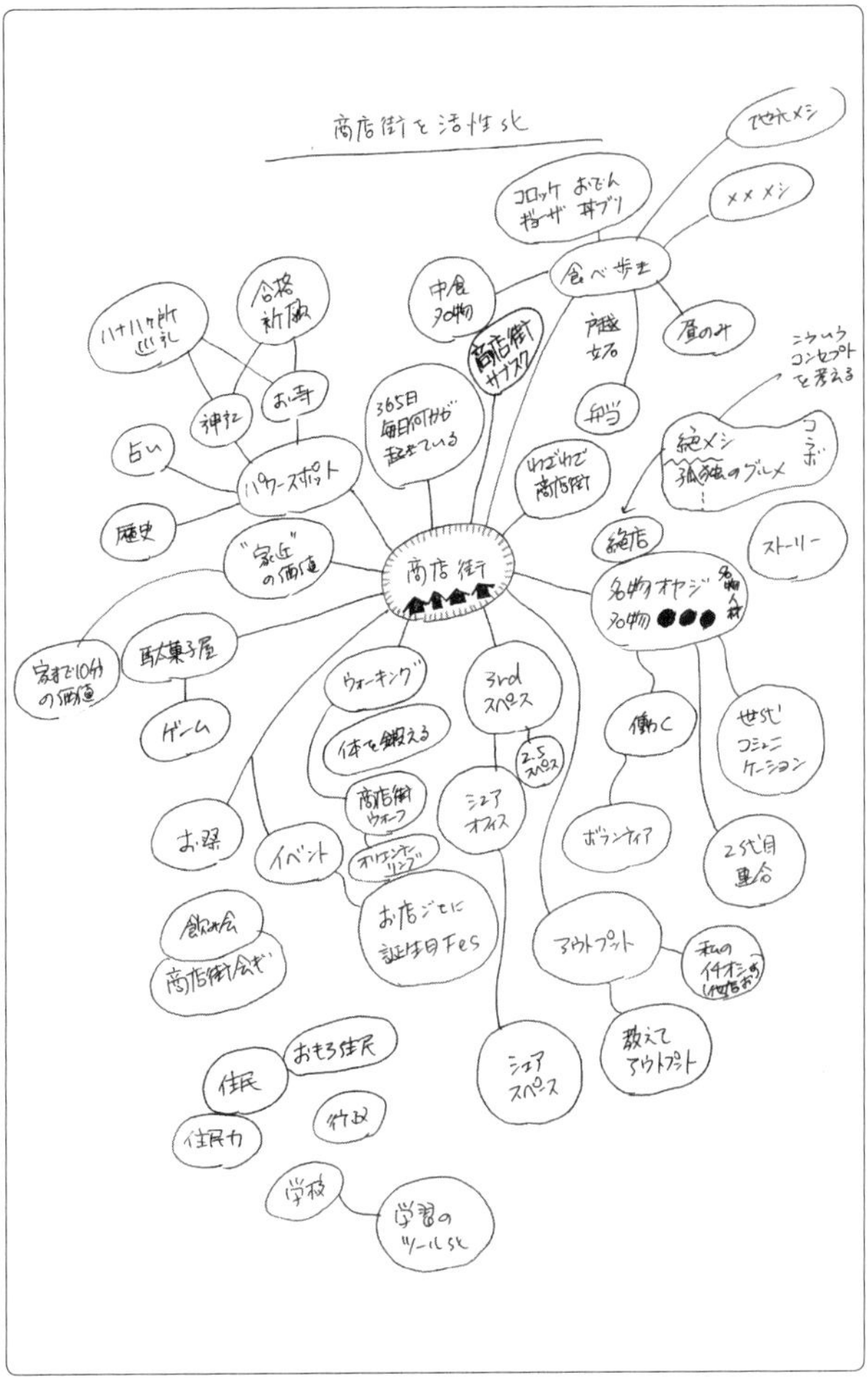

「数珠つなぎ連想法」で
「さびれてきている商品街の活性化」を考える

こうして考えを広げていくと、いろいろおもしろいアイデアが出てきます。商店街の飲食店が協力して「商店街サブスク」ができるんじゃないか。月曜はそば屋さんの出前、火曜はパン屋さんのサンドイッチ宅配……、ほかにもいろいろ出てくるはずです。

どうですか？　こうしていくと、これまでにはないような意外性とおもしろさのある、魅力的な商店街になってきてないでしょうか。これが「数珠つなぎ連想法」の楽しいところです。

もし「数珠つなぎ連想法」を使わずに、商店街の活性化を考えていった場合、こんなことになりがちです。

「ほかの商店街でやっていることをうちの商店街でもやってみよう」

「ハロウィンにはハロウィンイベントを、クリスマスにもイベントをやろう」

実際にこうした考え方をする商店街も多いそうです。

これだと、結局はどこにでもある金太郎あめのようなことしかできません。そもそも商店街がなぜさびれてきているのか、その原因を考えることもなく、ほかの商店街をただマネするだけでは魅力を打ち出すことは難しいはずです。

ほかの商店街を参考にするのはもちろんありなのですが、そこからさらにどんどん連想させてアイデアを広げていく。

そうすることで、その商店街独自の魅力をつくることができるのです。

まとめ

ノートいっぱいになるくらい数を書き出すことからはじめよう！

考えを広げる方法 3／6

「ずらす法」

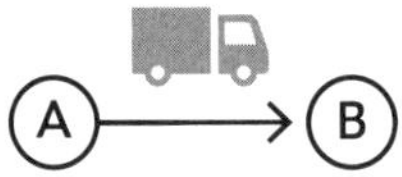

この方法は「数珠つなぎ連想法」と同様、すでに存在するものに新しい風を吹かせたいときに使える方法で、価値の再発見ができます。

たとえば仕事で、自分の担当する商品やサービスが売れなくなってきたときなどにぜひ使ってみてください。

いま大人気の作業服のワークマンも、この「ずらす法」で新しいお客さんをつかみました。もともと作業服のブランドとしてポジションを確立していましたが、作業服をスタイリッシュ化したことによって、一般消費者がその商品を購入していることに気づいたそうです。そこで戦う市場を、作業服だけでなくアウトドアの分野に「ずらした」わけです。

といっても、アウトドアの分野には競合相手が多くいます。

ただ、ワークマンが発見したのは「低価格で高機能」という市場でした。

これまでのアウトドアブランドの主戦場は「高価格で高機能」。「低価格で高機能」市場は空いていました。だから、アウトドア専用の商品を開発するのではなく、既存の商品の価値の再発見をして、市場をずらしたわけです。

僕自身の経験でも、「ずらす法」を使って、本がベストセラーになったことがあります。『「のび太」という生きかた』という本がそれです。発売は10年以上前なのですが、ここ数年で売上が伸びていて、40万部を超えるベストセラーになっています。著者はドラえもん学を長年研究している富山大学名誉教授の横山泰行さんです。

この本はもともと若手ビジネスパーソンに向けてつくった自己啓発書です。でもある日、この本の読者からこんなはがきが届きました。

「ぼくは本を読むのが苦手だったけれど、この本だとスラスラ楽しく読めました」（男の子　11歳）

「少し漢字が難しかったですが、どんどん読むほど次が気になり、楽しく読めました。読書感想文も書きやすかったです」（女の子　11歳）

「とてもいい本で、のび太の見方が変わりました。読書感想文に使わせていただきます」（男の子　12歳）

書店のＰＯＳデータを見ると、40代女性の購入者が増えているデータがありました。最初はなぜ40代女性が買っているのかわからなかったのですが、はがきが続々届くようになって気づきました。小学生、中学生の母親が買っていたことに。

そこで、「ビジネスパーソン向けの自己啓発書」から「子ども向けの読書感想文にも使える本」に、この本のポジションをずらしました。書店でも「ビジネス自己啓発書」のコーナーから「児童書」のコーナーに売り場を変えてもらえるよう、お願いしてまわりました。たとえば、夏休みの課題図書の本の横に置いてもらうわけです。

すると、子どもたちに本が届くようになり、40万部を超えるベストセラーになりました。価値をずらしてヒットしたわけです。

「ずらす法」は、価値の再発見です。**あたりまえになってしまったことも、**

一度「ずらす法」で見直すと、新しい価値が生まれる可能性があります。

「アタマ」よりも「目と耳」を使う

「ずらす法」では、まず思い込みを捨てることが大切です。

これまでの経験値などを一度捨て、ターゲットなども限定せず、ずらせる場所や人を探します。そのときに必要なのは、たとえば商品やサービスであればユーザーの声をよく聞き、よく観察することです。

『「のび太」という生きかた』をずらせたのは、読者からの声によってでした。

自分の頭だけで考えられることには限界があります。声をよく聞き、よく観察することで気づきが生まれます。

ガチャガチャを空港にズラッと並べたことで、外国人向けのお土産として人気になった話や、出汁の自動販売機を設置して年間で数十万本の販売数になっている話などは、まさに「ずらす法」が成功した事例でしょう。

営業の人なら営業先をずらしてみる。人事部の人なら研修内容をずらしてみる。

新しいものをつくるだけがイノベーションではありません。「価値の再定義」でイノベーションを起こすこともできるのです。

まとめ

お客さんと市場の声を丁寧に聞くと、意外な発見がある!

考えを広げる方法 4／6

「脱2択」

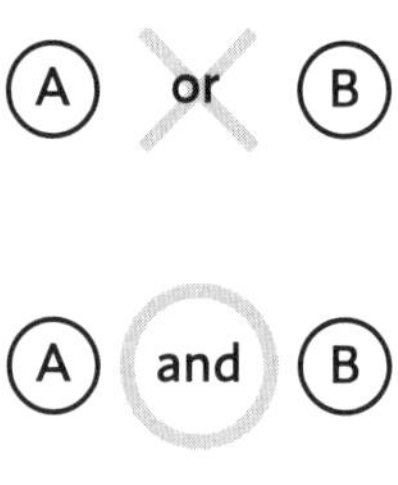

食事をしにレストランに行ったときのこと。今日は、ハンバーグも食べたいし、エビフライも食べたい。うーん、どうしようか。

そんなとき「ハンバーグ&エビフライ定食」があったら、喜びもひとしおです。

人は1日に数多くの選択をしています。

A or Bという場面に、死ぬまでに何回出くわすのでしょうか。

「お風呂にする？　食事にする？」

「私と仕事、どっちが大切なの？」

「遊びに行く前に宿題をやりなさい」（これは選択ではなく強制かもしれません……）

でも、「考える」という場面では、「A or B」ではなく、「A and B」が必要なことがあります。

たとえばダイエットをしようと思ったとき。

ダイエットとは、シンプルにいうと「食べたい」という欲求を抑えて、「やせたい」という欲求を優先させることです。「食べたい」と「やせたい」という欲求は相反していて、片方を選ぶと片方が手に入らないと思われています。

でも、「食べたい」欲求も満たせて、「やせたい」欲求も実現できる方法があったら、ダイエットをしたい人に喜ばれることこの上ないでしょう。

ダイエット商品やサービスを考えるときは、この2つの欲求を同時に満たせるものを開発できれば、ヒットする可能性は高まります。

「私と仕事、どっちが大切なの？」というシーンも、どちらか選ぶのではなく、両方を大切にする方法を考えることが大事なのではないでしょうか。夫婦仲も、恋人との仲も、これができれば平穏です。

2択より一石二鳥

「脱2択」のいいところは**複数の課題を一発で解決できる可能性がある**こと。

先日、こんな話をラジオで聞きました。

夜勤明けのお父さんが家にいる日。お母さんは買い物に行きたいけど、幼い4人の子どもがいて、その日はあいにくの雪。子どもを連れて買い物に行くのも難しいし、夜勤明けのお父さんは寝ている時間なので、子どもだけ置いていくわけにもいかない。

そしたら、お父さんが「僕が子どもの面倒を見ているから君は買い物に行ってくればいい」と言ってくれました。その言葉に甘えて、お母さんは買い物に。30分ほどして家に帰ってくると、お父さんはリビングで寝ている。いつもは騒いでいる4人の子どもはお父さんを囲んで、静かに絵を描いている。どうしたこと？

実は、お父さんが子どもたちにこう言ったそう。

「僕が寝ている姿を一番よく絵に描けた子にチョコレートをあげる」と。それで子どもたちは真剣に絵を描いていたというお話です。

これは、A or BではなくA and Bという考え方を活用したいい例ですね。

「脱2択」のやり方は簡単です。

AかBか選択しないといけないときに、どちらかを選ぶのではなく、「AもBも両方とる」というところから考えをスタートさせるだけです。

たとえば、いまの仕事以外にやりたいことがあり、会社を辞めようかどうか悩んでいるとき。辞めたいけど、辞めてしまうとお金の心配がある。

そんな場合、僕ならば「辞めずにやりたいことをやるにはどうしたらいいか」から考えます。

週3日出勤に会社との契約を変えられないのかダメもとで交渉してみたり、前例があるなしにかかわらず制度を変えてもらえないかを相談してみます。やれることを全部やってみて、それでもダメなら、そのときは辞めればいいわけです。

人はついつい自分ができること、やりやすいことを選択する傾向にあります。そういう選択ばかりしていると、新しいアイデアが生まれることもなければ、自分の成長にもつながりません。

人生は選択の連続です。どういう選択をするかで、大きく変わります。だったら、自分の人生をよりよいものにする選択をしたいし、自分の可能性を広げる選択ができたほうがいいですよね。仕事なら、より課題解決ができたり、新しいものを生み出せたり、効率が上がる選択をしたほうがいいわけです。

そのための思考法が「脱2択」です。「どちらか」ではなく、エンジンとモーターの両方を生かしたハイブリッド車のように、「いいとこどり」をする思考法なのです。

まとめ

選択する前に、まず「脱2択」で考えてみよう！

考える方法 5／6

「まとめる法」

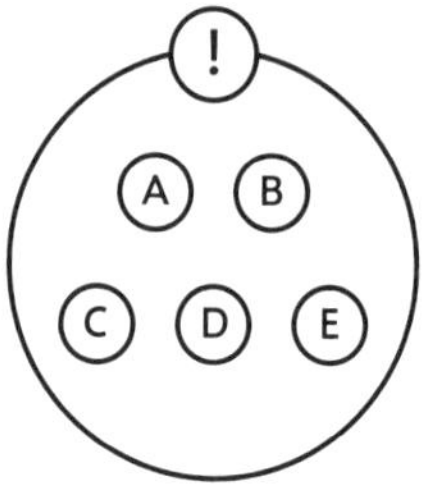

ゆるキャラの生みの親、みうらじゅんさんは「まとめる」の天才です。

そもそもキャラクターはゆるくないもの。ちゃんとしたキャラクターをつくろうとした結果、ゆるいものができあがってしまったのがゆるキャラのベースです。それまで見向きもされなかった、そんなキャラクター（それまではマスコットと呼ばれていた）を「まとめる」ことをして、ゆるキャラというムーブメントを生み出しました。

そのステップは「まとめる」「かけあわせる」「キャッチコピーを付ける」と、

価値を生み出すプロセスを見事に踏んでいます。その結果、日本中でゆるキャラブームが起こりました。

「まとめる」ことは価値になります。

たとえば、最近いろいろなフェスやイベントが人気です。ビールフェス、パン博、肉フェス、文具女子博……。温泉湯豆腐イベントというものも人気になっているそうです。

ニッチなものも、まとめると魅力がぐっと上がります。

みうらじゅんさんがまとめた「カニパン」は、あまりのニッチさに笑ってしまいました。この「カニパン」、蟹の形をしたパンではなく、蟹を食べに行くツアーのパンフレットの収集のことでした。蟹ツアーパンフレットを「カニパン」と命名し、新たな魅力をつくったわけです。

「まとめるって、インプットとなにが違うの？」という疑問もあるかと思います。

「まとめる」は、ある特定の領域に絞ってインプットし、その魅力や価値をアウトプットすることです。

最近、テレビ番組などで、マニアが取り上げられることがよくありますよね。サバ缶マニア、顔ハメ看板専門家、落とし物マニア……狭い領域のマニアがよく登場しています。

こういう方たちは、その領域の情報のみをインプットしてまとめ、その世界が持つ魅力を価値としてアウトプットしています。

これが「まとめる法」です。

集める→法則化→実行！

「まとめる法」の使い方はこんな感じです。

たとえば、営業成績をもっと上げたい、と思ったとき。

まずは、世の中にあるさまざまな営業手法をとにかく集めます。効果的なアポイントの取り方、プレゼン方法、クロージングの方法など、営業方法を軸にたくさんの手法が見つかるはずです。

集めたらそれを「法則化」します。

法則化の最初にすることはネーミングです。「営業を成功させる20の法則」のように、あなただけのオリジナルメソッドをつくるイメージで「～の法則」という名前をつけます。

次は内容の整理です。同じような内容はひとつにまとめて、全体を整理します。たくさんの情報を集め、整理していくと、結果が出る営業方法はいくつかの要素に絞られるということがわかってきます。営業というものを俯瞰することができるようになるのです。

たとえば20個の要素が出てきたならば、「営業という仕事は、この20個の要素をしっかりと実行していけば、成功する確率が高まる」ということがわかります。あとは、その要素を実行に移すだけです。

「まとめる法」をベースに、この本で紹介しているさまざまな「考える技術」とのコラボで、さらに内容の強度が高まります。

たとえば、僕は仕事で「ブームをつくる18の施策」という法則を活用しています。この法則をつくるときに活用したのが「まとめる法」×「360度分解法」

（147ページ）×「キャッチコピー法」（181ページ）です。

これまで数々のブームが起きては消え、起きては消えています。なぜブームになったのか、これまでのブームを調べて、整理し、まとめてみました。するといろいろなことが見えてきました。

数々のブームに共通していることがいくつもありました。「まとめる法」からスタートし、「360度分解法」「キャッチコピー法」などを使いながら、18の施策に練り上げていったのです。

まとめ

一つひとつは普通でも、まとめるとオリジナリティが生まれる！

考え方を広げる方法　6／6

「あったらいいな」

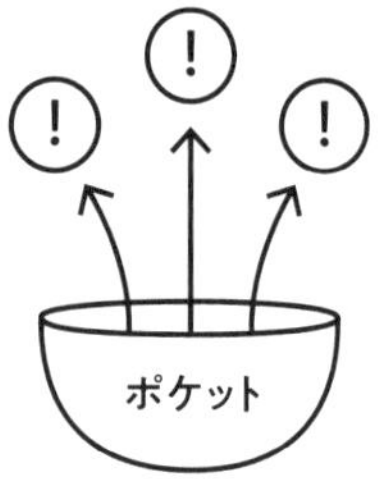

40ページで「非論理的に考える」ことの大切さを書きましたが、「考える」と「論理的」はかなり相性がいい組み合わせです。なので、思考はどうしても論理的に進んでいきがちです。

非論理的に考えるためには、意識的に「考えを飛ばす」ことが必要になります。

そんなときに使えるのが「あったらいいな」です。

イノベーションの多くは、「あったらいいな」から生まれています。

iPhoneもFacebookも、こんな商品やサービスが「あったらいいな」というところからスタートしています。

ちょっと古い話ですが、有名なソニーのウォークマンの開発秘話をご存じですか？　ウォークマンは当時存在しなかったポータブルの小型再生オーディオをつくるという「あったらいいな」からスタートしたからこそ、製品化できたといわれています。

「こんな小さなオーディオなんてつくれない」というのが、開発現場の反応だったそうです。でもそのサイズこそ、「あったらいいな」だったのです。

僕らも「あったらいいな」で本を企画しています。

アフリカの人は自然の中で遠くを見る機会が多いから視力がいいといわれてい

る。日本で遠くを見るのは難しいから、風景写真などを見ることで、目を鍛えることができたらいいいな。そこから生まれたのが50万部のベストセラーになった『1日1分見るだけで目がよくなる28のすごい写真』です。

音楽を聴くだけで自律神経が整ったらいいなという発想から生まれたのが『聞くだけで自律神経が整うCDブック』です。こちらはシリーズで135万部のヒットになりました。

本の企画の場合、よく聞くのは、「売れている本に寄せた本をつくる」という企画の立て方です。でも、僕らはそこを重要視していません。

新しいものをつくる。「あったらいいいな」をつくる。そこを企画の第一歩にしています。

のび太くんになりきって考えてみよう！

「あったらいいな」の使い方は簡単です。

人はなにかを考えるとき、やれそうなこと、実現できそうなことから考えがちです。「あったらいいな」は、そういう現実や可能性を一度取っ払って、**ドラえもんにひみつ道具を頼むのび太くんになったつもりで「あったらいいな」を考えてみてください。**

その「あったらいいな」をゴールに設定し、あとはそこまでの道のりを、ほかの思考法を活用しながら考えていきます。

たとえば、「通勤を快適にできたらいいな」という「あったらいいな」を考えてみます。毎日の満員電車での通勤ラッシュに嫌気がさしていて、もっと通勤を快適にしたいというのは、多くの人が望む「あったらいいな」じゃないでしょうか。

では、快適な通勤とはどんなものでしょうか？

ぎゅうぎゅう詰めの満員電車に乗らないですむ、席に座ってゆっくり眠れる、電車内でゆったり動画を見たり本を読んだりできる。

この3つが実現できれば、快適な通勤が手に入ります。

満員電車を避ける × ゆっくり眠れる × 動画を見たり本を読める

リモートワークができる職場にいなければ、通勤は会社に勤務している間ずっと存在します。何十年も嫌な思いをして、それに耐えるのはつらいですよね。ならば、通勤の「あったらいいな」を実現することを本気で考えてみるのは、人生においても重要度の高いことなんじゃないでしょうか。
さらに「数珠つなぎ連想法」を使って、たとえばこう考えてみます。

・満員電車を避ける→満員になる前の時間帯に通勤時間を変える、時差出勤を会社に認めてもらう、自転車やバイクで通勤する
・席に座ってゆっくり眠れる→座れる時間帯に通勤する、各駅停車、始発電車など座れる電車を活用する
・動画を見たり本を読める→スマホを立てかけられるリュックを活用するなど、電車内でそれらをしやすい環境を整える

まずはアクションを起こしてみる。何十年も我慢するということは、とんでもない量のストレスを蓄積することになります。

これを実行するかしないかで、人生は大きく変わるはずです。朝のストレスが減るだけでなく、体を休めるなど、朝の時間が生産性の高い時間に生まれ変わるのです。書いてしまえばあたりまえのようなことなんですが、**実はなんとなく自分にとって最適ではない選択をしていることがけっこうあるはずです。**

「あったらいいいな」を活用して、人生の改善を試みてください。

まとめ

思いや夢をそのままにせず、実現させることを考えてみよう！

考える方法 1／6

「360度分解法」

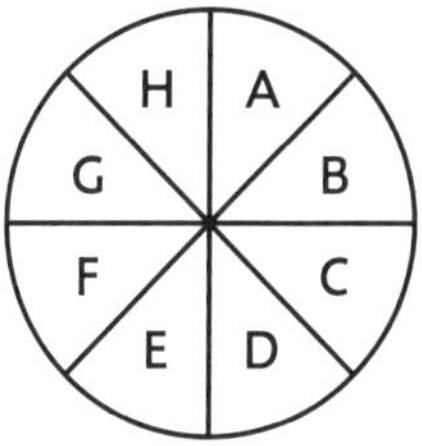

ここからは考えを深める方法を紹介していきます。

「360度分解法」は、「いいとこ探し」ができる思考法です。

たとえば、こんな感じです。あなたが苦手な人を思い浮かべてください。誰でも数人はそういう人がいると思うので、その人を思い浮かべてください。

苦手なままでいいのであればそれでいいのですが、仕事関係の人だったり、ママ友仲間の一人だったりすると、苦手のままでいることはいろいろとストレスの種になりますよね。どうせなら、苦手意識を払拭しておきたい。そんなときにも

「360度分解法」が使えます。

なぜその人のことが苦手なのか？　それには理由があります。

「性格が悪いんだよね」「なんかなれなれしくて嫌」「偉そうなところが苦手」など、苦手な部分があるはずです。

でもほとんどの場合、それは相手の一部を見ての判断です。その人のことを多面的に見ているかというと、そんなことはないはずです。

人間の脳は、自分に都合のいいようにものを見て判断する傾向にあるそうです。嫌いな人、苦手な人のことは、嫌いな部分、苦手な部分ばかり見てしまっている可能性が高いわけです。

どうでしょうか？　あなたの苦手な人、嫌いな人をイメージしてみてください。その人のいいところ、どのくらい思い浮かぶでしょうか？

「あの人、感情的で面倒だな……」と決めつける前に

そこで、「360度分解法」です。

「360度分解法」は、無理やりにでもいいところ、魅力、価値があるところを360度全方位から分解して、書き出していく方法です。

簡単なので、一緒にやってみましょう。

まず、真ん中にテーマを書きます。そのまわりに、「ジャンル」を書いていきます。そして、「ジャンル」ごとに、そのテーマについて思いつくことをどんどん書いていってください。

このとき意識してほしいのは、**ダメなことばかりでなく、いいところも書き込む**ことです。

「会社で苦手なAさん」がテーマの場合は、真ん中にAさんの名前を書きます。

そのまわりに「ジャンル」を書きます。この場合のジャンルは「性格」「考え方」「仕事で認められるところ」「頑張っているところ」「ダメなところ」「外見」「人間関係」「お金」などです。それぞれのジャンルごとに、Aさんについて思いつくことをどんどん書き込んでいきましょう。

ここで一度手を止めて、書いたものを見てみてください。

そして、**長所は短所に、短所は長所に変換してみてください。**これはこのあとで解説する「ポジティブ価値化」です。

「性格」であれば、「Aさんはすぐ感情的になる」と書いたとします。

そうしたら、その下に「感情が前面に出るほど一生懸命」とか「どうにかしたいと思い感情が出る」とか、短所であればそれを逆から見て長所化した言葉を書いてください。逆もしかりです。長所を書いたら、逆にそれを短所としてとらえたときの言葉を書いてください。

そうやって、さまざまな角度からAさんのことを書き込んでいくと、自分がネガティブに見ていたことが、実はポジティブな要素でもあることに気づきます。するとAさんのいいところもたくさん見えてくるはずです。

360度分解をすることで、これまで見えていたものとは違う、新しい価値を発見していくことができるのです。

「○○不況」「○○離れ」という言葉で思考停止になっていないか？

もうひとつ、具体例を出して考えてみましょう。

僕のいる出版業界では、このところずっと出版不況といわれています。

出版不況の元凶は「本を購入する人、購入する金額が減ったこと」にあります。

なぜそうなったのかを考えると、さまざまな理由がありますが、結局のところ、動画やネット情報、SNSなどさまざまなコンテンツがあるなかで、「本を買ってまで読む価値」が残念ながら下がっているということだと思います。


では、本をもっと読んでもらう、買ってもらうにはどうしたらいいでしょうか？　本の「優れているところ」を「360度分解法」で考えてみます。

「本と生き方」「本と仕事」「本とお金」「本と健康」「本と人間関係」「本と時間」……ジャンルはさまざまです。

その中から「本と健康」で考えてみると、こんなデータがあるそうです。


……

・健康長寿の人に読書の習慣がある人が多い

……

・読書は脳を若返らせる
・短い読書でもストレスが大幅に減る

でもこれらのデータ、実はあまり知られていません。「本と健康」という面で見ると、本の価値を伝えられていないことだらけです。

出版不況と嘆くのではなく、「360度分解法」で出した価値を伝えていくことのほうが大切なんだと思います。

まとめ

「いいところ」や「強み」を見つけたいときは360度分解法で!

考える方法 2／6

「ポジティブ価値化」

短所 ＝ 長所

弱み ＝ 強み

食品の販売をしているオイシックス・ラ・大地の「Kit Oisix」というミールキットがあります。仕事、家事、子育てと、なにかと忙しい30～40代の女性に向けて開発されたそうで、「20分で主菜と副菜がつくれる」がコンセプトで、大ヒットした商品です。

この商品が優れているのは、買ってきたお惣菜だとなんとなく罪悪感がある忙しい女性たちが、罪悪感を感じることなく、ちゃんと料理している感覚が持てる「20分」という時間を設定している点と、「プレミアム時短」というコンセプトで時短そのものにポジティブな価値を生み出していることです。
「時短」というワードには、サボっているんじゃないか、手を抜いているんじゃないかというマイナスのイメージもありますが、「誇れる時短」という価値をつくり、それが忙しい女性たちに響きました。

マイナスイメージなもの、ネガティブなもの、ダメだとされるものは、逆に新たな価値にすることができます。

短所も長所も、絶対的に存在するわけではなく、視点の違いにすぎません。

・仕事が速い↓　仕事が雑
・仕事が遅い↓　仕事が丁寧

というように、長所と短所は言い替えが可能です。

アートディレクターの佐藤可士和さんの著書『佐藤可士和の超整理術』に出てくるキリンビールの発泡酒「極生」の話は、「ポジティブ価値化」が成功したケースです。

当時、発泡酒はビールの一段下にある、安いカテゴリーという位置づけをされていました。なので、発泡酒のパッケージも広告もビールのイメージを踏襲していました。要はビールらしく見せようとしていたわけです。

佐藤可士和さんは発泡酒本来のオリジナリティに考えが及んでいなかったことに気づき、発泡酒のポジティブな立ち位置を築くことを最重要課題に設定したそうです。

そして、「ビールの廉価版」→「カジュアルに楽しめる現代的な飲み物」、「コクが足りない」→「ライトで爽やかな飲み口」という風にポジティブな価値化をしました。「極生」はこの戦略がうまくいき、ヒット商品になりました。

弱点の根源をつかんで解決策を見つける

「ポジティブ価値化」は、なんでもかんでもポジティブに変えればいいというわけではありません。

大切なのは、**考えるテーマの根っこにある本質的な課題や価値を見極めること**。

たとえば、「病院の診察で長時間待たされる」という課題に対する解決策を考えてみましょう。

この場合の根っこの課題は「時間がムダに感じる」「退屈だ」「ほかのことにこの時間をあてたい」などです。とはいえ、患者さんの数を減らすことも難しい。

ならば、待ち時間に患者さんが退屈しない、楽しめる、といった価値を生み出せることを考えればいいわけです。

「時間のムダ」「退屈」を「ポジティブ価値化」させるときに考えることは、「時間のムダ」「退屈」の逆の状態です。「時間を有意義に感じる」「熱中できる、楽しめる」状態とは、どんなものかを考えてみます。

ドラマや映画を見ている時間、本を読んでいる時間、人とおしゃべりしている時間、体を動かしている時間。そんな時間は有意義で、熱中できて、楽しい時間になるのではないでしょうか。

それならば、たとえば出版社に協力を求め、「病院図書館」をつくり、健康に関する書籍を集めて、健康のための啓蒙をしていく。あるいは、スポーツクラブに協力を求め、「出張体操教室」を開催する。

出版社も、スポーツクラブも、患者さんとコミュニケーションがとれることで、自社商品やサービスのプロモーションができるメリットがあります。「待ち時間」

が「学ぶ時間」「体をケアする時間」に生まれ変わるわけです。

これが「ポジティブ価値化」です。

予算や人員、もしくは法律などの問題で実現できること、できないことあるとは思いますが、制約の中で考えられるプランもあるはずです。「ポジティブ価値化」で弱点を強みに変えてみてください。

まとめ

「弱み・短所」は「強み・長所」に変えられる！

「自分ゴト、あなたゴト、社会ゴト」

はじめて会った人なのに、話がすごく盛り上がったなんて経験ありませんか？
その理由は「共通点の発見」にあるんじゃないでしょうか。出身が同じだった、趣味が同じだった、共通の知人がいた……などなど。
人がなにかに関心を示したり、興味を持つのはどんなものか、考えるときのキーワードが「自分ゴト、あなたゴト、社会ゴト」です。
「自分ゴト」は自分の関心があること。

「あなたゴト」は家族、友人、会社の同僚など、自分と関係が深い人や自分に近しい人に関係があること。

「社会ゴト」は社会的関心や流行などです。

この3つの要素が重なると、人の興味はグッと高まります。商品やサービスならば、それを購入したくなります。

たとえば、僕が関わった本で50万部のヒットになった『1日1分見るだけで目がよくなる28のすごい写真』の場合はこんな感じです。

……………………

【自分ゴト】

・老眼や近視が気になる

・目が最近疲れやすい

……………………

【あなたゴト】

・子どもや孫がスマホやゲームをやりすぎていて気になる
・老眼が進んでいると最近親がよく言っている
・年配の親の運転が気になる
・家族や知人にプレゼントしたい

【社会ゴト】

・日本人の視力低下が著しい
・スマホ老眼、ブルーライトカットなど、目のことが話題になっている

3つの要素を漏らすことなく伝えていったので、下は10代から上は80代まで、幅広い層の人たちに届く本になりました。

恋愛にも、営業トークにも使える！

実はこの3つの要素、恋愛にも使えます。

気になる人ともっと近づきたい。そんなときは会話の中に、気になる人にとっての「自分ゴト、あなたゴト、社会ゴト」をうまく盛り込んでいってください。

相手が関心のあることを話すのはもちろん（「自分ゴト」）、その関心ごとを「社会ゴト」と結びつけることで、興味を高めることができるはずです。さらに「あなたゴト」を盛り込むことで、「私（僕）のことをいろいろ考えてくれる人」という印象を残すこともできるのです。

恋愛だけでなく、相手を説得したいとき、大切なことを伝えたいときにも、この3つの要素を会話の中に入れてみてください。納得感が大きく増すはずです。

たとえば、僕はコーヒーが大好きなんですが、コーヒーショップの店員さんにこんなことを言われたら、そのコーヒー豆、即買いです。

「柿内さん、コクがあって、苦いコーヒーがお好きでしたよね？　このコーヒー豆は、まさに柿内さん好みの味なんです。しかも香りがすごくいいので、休みの日の朝、柿内さんがこのコーヒーをご自宅で淹れたら、家じゅうにコーヒーのいい香りが充満して、奥さまやご家族の方も気分よく週末の朝が迎えられると思いますよ。ちなみに、この豆はフェアトレードの豆なので、原産国のコーヒー豆をつくっているエリアの地域貢献にもなりますよ」

これは、まさに「自分ゴト、あなたゴト、社会ゴト」がすべて入っているトークです。

「自分ゴト、あなたゴト、社会ゴト」は、意味づけのためのマストな3要素だと思っています。この3つの要素があることで、人は納得感を高め、行動を後押しされます。

たとえば商品やサービスであれば購入に向かいますし、人間関係であれば相手との距離が縮まるわけです。

まとめ

説得したいとき、興味を持ってもらいたいときに使ってみよう！

考え方を深める方法　4／6

「すごろく法」

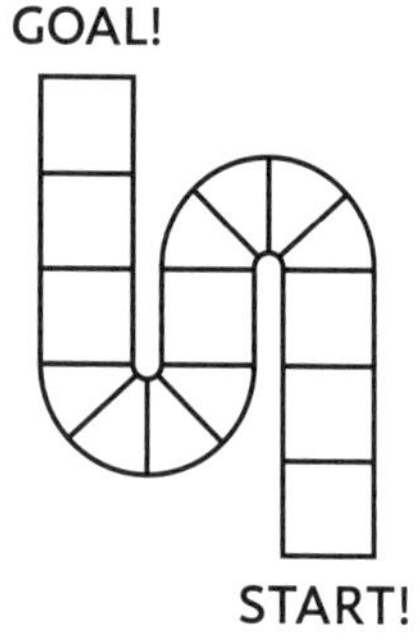

「マーケットイン」と「プロダクトアウト」という言葉がありますが、「すごろく法」は「マーケットイン」で使える方法です。

たとえば、新しい本のアイデアを考えるとき。「多くの人に読んでもらえるベストセラーをつくりたい」と考える編集者も多いと思います。

「100万部を目指して本を企画したい」と思った場合、「100万部を達成するためにマストなことはなにか？」を考えます。

すると、いくつかのポイントが浮かび上がります。マンガや人気小説のケースを除くと、次の要素が１００万部を生み出す条件になっています。

・潜在的な読者が３０００万人以上いる
・本である必要性がある
・人気のテレビ番組で大きく取り上げてもらえる可能性がある
・書店さんが大きく展開したくなる
・ＳＮＳで取り上げたくなる。人に紹介したくなる

ちなみに、ミリオンセラーになる可能性があるジャンルはある程度決まっているといわれています。コミュニケーション、生き方、健康、ダイエット、お金、児童書、学習書などの分野です。

僕らの経験上、１００万部達成のためには３０００万人以上は対象読者がいな

ければ、なかなか難しいんじゃないかと思っています。つまり、潜在的な読者が少ない分野ではメガヒットは生まれないわけです。

また、人気テレビ番組で取り上げてもらうためには、たとえば「番組とのつながり」が必要だったり、番組で取り上げたくなる視聴率がとれそうな企画であったり、ということを考える必要があります。こうやって逆算していくことが、結果に結びつく方法になります。

このときのポイントは、**できるだけ細かく逆算をしていくこと。**逆算を徹底すると、たくさんの人に届く可能性が高まります。

逆算思考には「すごろく」を活用する

逆算をするときに僕がやっている方法が、ゴールから逆算する「すごろくづくり」です。

スタートとゴールを設定し、その途中のコマを埋めていき、ゴールに向かうTODOリストをつくっていきます。人生ゲームのようなものです。最近の人生ゲームは、お金ではなく、インフルエンサーになってフォロワーを増やしていくというものもあるようですが、僕の場合は本を多くの人に届けていき、読んでもらうことがゴールになることが多いです。

スタートは本の発売前からはじまります。

まずは予約段階でアマゾンのベストセラーランキング100位以内に入る。

次に発売されたあと、数店舗の書店で毎日3冊以上売れていく。書店のベストセラーランキングに入る。

こうやって、具体的にすごろくをつくっていきます。すごろくづくりは、言ってみれば戦略・戦術を考えているのと同じことなんですが、すごろくにするよさが2つあります。

まず、**なによりおもしろい！** 子どものときに絵を描いて遊んだときのような楽しさがあります。ところどころにイラストを入れたり、色分けしたりして、すごろくゲームをつくっている感覚でやってみてください。

もうひとつは、**ゴールまでの図がビジュアルで俯瞰できるので、やるべきことが明確になる**ことです。これもすごろくづくりの魅力です。

仕事だけでなく、たとえば子どもと一緒に夏休みの宿題の計画を立てるとか、趣味の計画を立てるときにもすごろくはおすすめです。

実際にやってみると、すごろく通りになることはめったにありませんが、そのときはすごろくの中身を修正しながら、ゴールを目指します。

僕の場合は本をどう届けていくかをテーマにすごろくをつくることが多いので

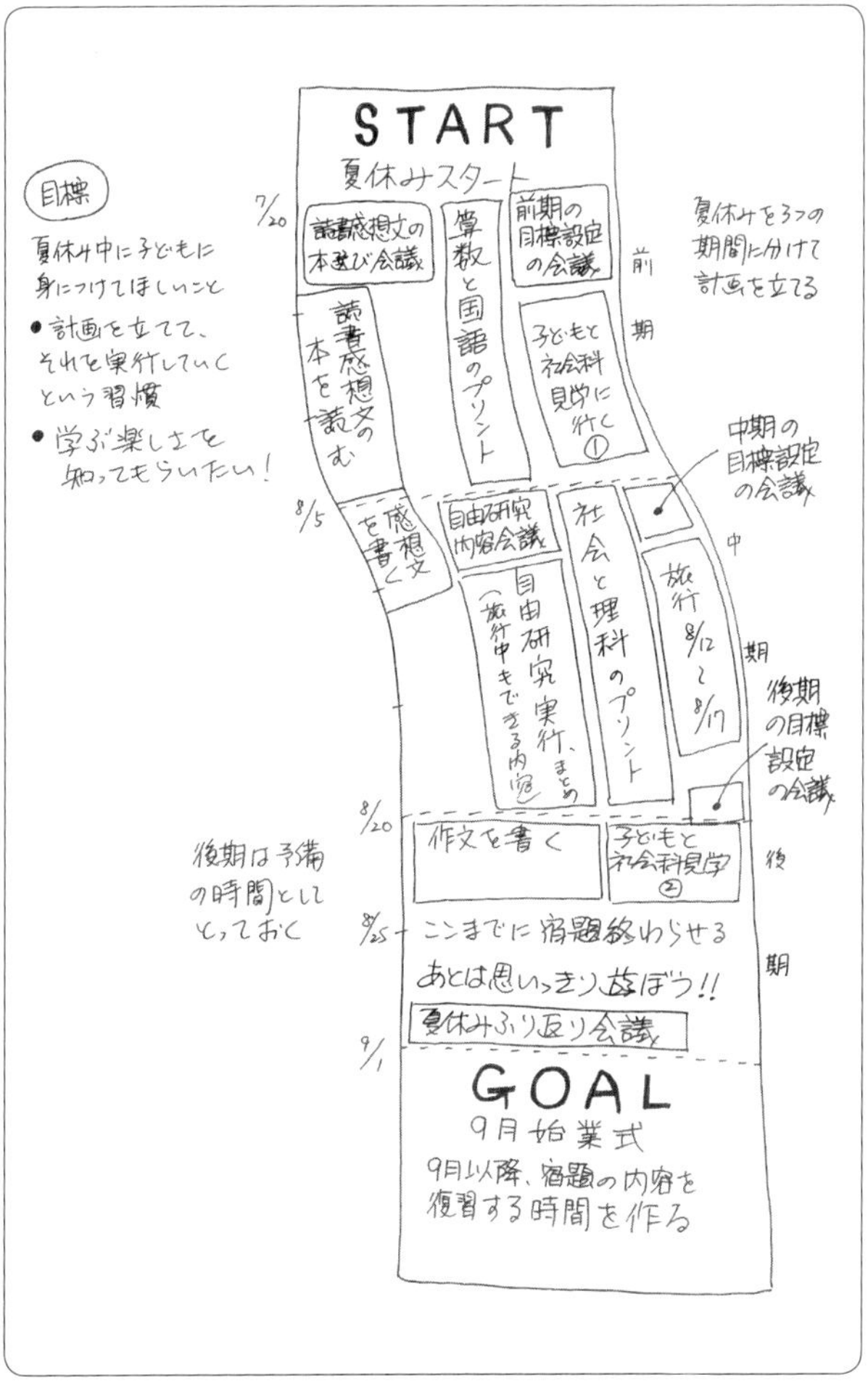
START
夏休みスタート
目標
夏休み中に子どもに身につけてほしいこと
● 計画を立てて、それを実行していくという習慣
● 学ぶ楽しさを知ってもらいたい！
7/20
読書感想文の本選び会議
算数と国語のプリント
前期の目標設定の会議
夏休みを3つの期間に分けて計画を立てる
前期
読書感想文の本を読む
子どもと社会科見学に行く①
中期の目標設定の会議
8/5
読書感想文を書く
自由研究内容会議
社会と理科のプリント
中期
自由研究実行、まとめ（旅行中もできる内容）
旅行 8/12〜8/17
後期の目標設定の会議
8/20
作文を書く
子どもと社会科見学②
後期
後期は予備の時間としてとっておく
8/25
ここまでに宿題終わらせる
あとは思いっきり遊ぼう!!
夏休みふり返り会議
9/1
GOAL
9月始業式
9月以降、宿題の内容を復習する時間を作る

「すごろく法」で
「夏休みに子どもに身につけてほしいこと」を宿題をベースに考える

すが、その際、**読者になってもらえるであろう人たちとの接点をあちこちにつくること**を特に意識しています。

人は1回の接触で購入を決断することもありますが、接触頻度が多ければ多いほど、よりその商品に興味を持ち買ってもらえる可能性が高まるからです。

そこで、接触頻度を高めるために、いろいろな仕掛けを考えます。広告、SNS、メディアPR、イベントなどなど。そこまでを企画がスタートした段階でイメージして、すごろくをつくっておきます。

まとめ

ゴールへの最短距離を見つけたいときに活用してみよう!

考える方法 5／6

「正体探し」

人の心の中にある「見えない心理」を見つけ出す方法

「正体探し」とは、**人の心の中にある「見えない心理」を見つけ出す方法**です。

感覚、直感、なんとなく……。人はいつも論理的に行動しているわけではありません。むしろ感覚的に行動していることのほうが圧倒的に多い。この曖昧なものを見える化したり、言語化したりすることが「正体探し」です。

映画プロデューサーで作家の川村元気さんは、ヒットを生み出す要因のひとつとして、「集合的無意識の発見」があると言っています。

無意識だったものを見えるものにつくり変えたとき、大きな共感が生まれ、ヒットになるわけです。

ヒット＝「無意識」×「その人数」ということです。

「正体探し」をして大きな成果を出したのが、いま大人の女性に大人気のサンリオピューロランドです。成功の秘けつはいろいろあると思いますが、そのひとつは、「正体探し」がうまくいったからではないでしょうか。

たとえば、キャラクターごとに、「そのキャラクターが好きな人の共通点を探し、それをグッズ開発などに生かす」というアクションをしたそうです。サンリオには人気キャラクターがたくさんいますが、キャラクターによって、そのキャラクターが好きな人のタイプが違っているということに気づいたそうです。

確かに、ふわふわしたやわらかいイメージが好きだからこのキャラクターが好きとか、クールなのにかわいい感じが好きだとか、ピンクが好きだとか、多種多様な好みがあります。そこに合わせて、デザインや商品そのものを変えて開発することで、このキャラクターのファンの心に届く商品が多数生まれたわけです。

「正体探し」が人の心をつかむのは、もともとその人の心の中にあったものを顕在化してくれているからなので、あたりまえと言えばあたりまえです。「そうそう、こういうものが欲しかった！」「これ、まさに私のためにあるよね」という感情を起こしてもらえたら、大成功です。

比べることで、無意識を「見える化」できる

では、どうやって正体を探すか。おすすめは、**「比較」の活用**です。

食べもので考えるとわかりやすいでしょう。

僕は梨が大好きです。梨っていまはいろんな品種がありますよね。幸水、長十郎、新高、豊水、二十世紀……。ただ僕は味覚が鋭くないので、どれを食べても「おいしい！」という印象しかなく、どの品種にどういう特徴があるか実感できずにいました。

それが梨狩りに行ったとき、一度にたくさんの品種をそこで食べることができました。つまり、自然と食べ比べをしてたわけです。

すると、それぞれの品種の味の差がすごくはっきりわかるんですね。水分量の

違い、甘さのタイプの違い、触感、食べ比べるとそれぞれの品種が個性的で、全然違うわけです。

これまでただの「梨」としか認識できなかったものが、食べ比べたことで、幸水、新高、豊水などの差がわかりました。そして、自分がどういう梨が好きなのかもはっきりしてきました。**自分自身、気づいていなかったことが「比較する」ことで見える化できたんですね。**

先ほどのサンリオの例でいえば、キャラクターごとにファンのタイプがどう違うかも、キャラクターのファンをただ分析するだけではなく、ほかのキャラクターのファンと比較することで、いろいろなことがはっきりしてきたのかもしれません。

シリーズで80万部を超えるヒットになった『はじめての人のための3000円

投資生活』という本があります。この本のヒットのベースにも「正体探し」がありました。日本人で投資をやっている人、やっていない人の特性データを比較することで「多くの日本人の投資に対する正体」を見える化していったのです。

そこから見えてきたのが、「世代を超えて、将来に対するお金の不安が大きい」「投資に興味はあるが、怖い」「投資は難しそうでハードルが高い」「お金は好きだけど、お金のことを考えるのは嫌い」などのポイントでした。

この要素を踏まえた企画を立てれば多くの人の心に届くはずという仮説が立ちました。そしてベストセラーとなり、ビジネス書の年間ランキングでも1位になりました。

無意識の正体がわかれば、とるべき行動が明確に

「正体探し」は、こんな使い方もできます。

またまたですが、営業の話を例にとってみます。営業の仕事についている人が売上を上げるためにはどうしたらいいかを考える場合。営業という仕事の正体を探していきます。

人はなにを理由に商品やサービスを購入するのかという無意識を考えます。すると、こんな姿が見えてきます。

営業の仕事 ＝ 人間関係 × 商品力 × 価格 × 会社の信用

これはあくまでも僕の考えなので、ほかの正体が出てくることもあるはずです。でも、正体がわかると行動はシンプルになりますよね。営業成果をあげたければ「人間関係」「商品力」「価格」「会社の信用」に分けて考えればいいわけです。

「人間関係」であればコミュニケーションの方法などを、「商品力」は商品を改良するとか商品の魅力の伝え方を考えるとか、やれることはいろいろあります。「価格」はもし競合商品に対して高いのであれば、その価格の価値を説明できるようにする。「会社の信用」も相手に伝わっていない場合があるので、ちゃんと伝えるための準備をすることも大切です。

「正体探し」は、まるで謎解きのようなおもしろさがあります。楽しみながら「正体探し」をしてください。

まとめ

人の心の中にある無意識の心理を見つけよう!

考える方法 6／6

「キャッチコピー法」

命名 ○○○

「初日の出」は、なぜ価値があるのでしょうか？
毎日、日の出はあるのに、「初日の出」は特別なもの。つまり価値化された日の出ですよね。その価値化を表現するのが「初日の出」というネーミングです。ネーミングそのものがキャッチコピーとなり、価値を生み出しているのです。

芸人の間で騒動になった「闇営業」問題。この言葉は当初、「事務所に内緒で営業する」という意味で使われていました。

でも、「闇営業」というネガティブなキャッチコピーの影響もあり、当初の意味以上に「とんでもなくひどいこと」というイメージが広がりました。

表現ひとつで、イメージは大きく変わります。

たとえばベストセラーのタイトルがこれだったらどうでしょうか？

『3000円投資生活』

↓

『3000円からできる少額投資生活』

『医者が考案した「長生きみそ汁」』

↓

『医者が提言！　健康のためにみそ汁を飲もう』

タイトルがこう変わるだけで、本の魅力がダウンしているように感じます。

すばらしいアイデアを考えたとしても、伝え方を間違えてしまうとゴールを達成できません。

世の中には伝え方に失敗しているケースが多々あります。「価値がわかりにくい」「伝えるポイントがずれている」など残念な伝え方になってしまっているのです。

言語化したものを魅力的な表現に！

言葉にするということは、頭の中のモヤモヤや、まだ不確実なものに輪郭を与え、解像度を上げていく作業です。「キャッチコピー法」は、言語化したものをさらに魅力的な表現に昇華させることをいいます。

【モヤモヤした頭の中】
↓言語化でモヤモヤした頭の中に輪郭を与え解像度を上げる
↓「キャッチコピー法」で言語化されたものにリボンをつけて、魅力的なパッケージに仕立てていく

こんなイメージです。

言語化することそのものが思考であり、それをキャッチコピー化することも思考です。

キャッチコピー化することで、思考の価値をより高めることができます。

「言葉貯金」をしよう！

では、キャッチコピー法はどうやってやればいいのでしょうか。

プロの編集者やコピーライターも苦労する作業ですから、簡単にできるというわけではありません。ただ、プロじゃないとできないわけでもありません。

僕がおすすめするのは**「言葉貯金」**です。

日々の生活の中で出会った魅力的なキャッチコピー、心に響いた名言、気になった言葉、そういう言葉をすべてノートやスマホにメモしておきます。

そして思考するときに、それを見返すのです。

たとえば、僕はこんなことを「言葉貯金」しています。

神の手、内臓過労、出汁女、夏ストレッチ・冬ストレッチ、○○パウダー、○○食堂、悩んだ分だけ君はもっと高く飛べる、ハイブリッド○○、○○なのに○○、限界を越えて行け、疲労カレンダー、疲労3兄弟、潜在疲労度、創造力の方程式、○育、○活、前へ、いきなりピーク、専門家ブランディング、○○プレイバック、勝って喜んでいるうちは勝ったことにならない、高解像度、カレー粉力、カレーから揚げ、クリエイティブソリューション、大人の○○、○○チャージ、敵は習慣と忘却、最速で○○、クリエイティブの教養、クリエイティブハンター、ケチャドバ○○、○○の嵐、○○ヒーリング、鬼速○○、超速○○、バリューデザイン、3大○○、○○プロフェッショナル、魅力化、7つの質問、ゆる人、ノート熟成、○○脳、脱○○、○○専用、自分が高齢になるということ、先延ばし力、○○チェンジ、○○ハラスメント、凡人の逆襲……。

ここに挙げたのはほんの一例です。ここでは短いワードだけ紹介しましたが、短いワードに限らず長めの文章まで、とにかくストックしています。そして、なにかを考えるときに見返すと、言葉がさまざまなヒントを投げかけてくれます。

さらに、それをノートやスマホに書いていくことで「魅力的な言葉とはどんなものか?」という感覚が自分の中に入ってくることも、「言葉貯金」のいいところです。

まとめ

「言葉貯金」でキャッチコピー力を磨こう!

コラム3

難しいから自分がやる

「それは難しいですね」

よく聞く言葉ですが、僕はこの言葉が好きではありません。

なぜなら、いつもこう思っているからです。

「難しいからこそ自分がやる意味がある。簡単なことなら自分がやる必要はない。自分にしかできない仕事をしたい」

難しい課題はチャンスです。自分にしかできないことができるかもしれないのです。
でも人間はどうしても難しいことが目の前にあると、それを避けたくなる生きものでもあります。高い山があったら登りたいと思えるようになるには、それなりの訓練が必要です。

では、「難しい課題に取り組みたい」というマインドをつくるにはどうしたらいいんでしょうか。

おすすめは**「ゲーム化」**です。課題を攻略すべきゴールに設定し、それをクリアするゲームにしてしまうのです。

だって、考えてみてください。

ゲームをするとき、あまりにも簡単なゲームだとつまらないですよね。難しいゲームをクリアするほうがおもしろいし、達成感もある。

「難しいことをやって失敗するのが嫌だ」という人もいるかもしれません。

でも、この失敗こそあなたの貴重な経験になるはずです。

82ページでも書きましたが、僕は失敗の数、失敗のひどさ、ともに人に負けない自信があります。若いときは特によく失敗しました。だけど、その経験は確実にいまに生きています。サンキュウ失敗！　です。


難しいことに挑戦して、うまくいかないときは怒られるんじゃないか、難題解決に時間がかかって大変なんじゃないか。そう思ってしまうのも人間です。

でも、難問に挑戦することのメリットとデメリットを比較したとき、明らかに難問に挑戦するメリットのほうが大きいと思うんです。

難問に挑戦することのメリット

・自分にしかつくれない価値を生み出せる

・うまくいけば自信がつく
・強くなれる、突破力が身につく
・失敗しても、気にならなくなる。むしろ失敗を糧にできるようになる

難問に挑戦することのデメリット

・時間や労力がかかる、面倒くさい
・失敗したときに一時的に人から非難されるかもしれない

ユニクロの柳井正さんの著書に『一勝九敗』という本があります。あの柳井さんでも、挑戦して9割は失敗しているというわけです。

たった1度の人生、どうせなら自分にしかできないことをやりたいものです。そのための大切なマインドが「難しいからこそ自分がやる」です。

第4章

頭の中をクリアにする「思考ノート」のつくり方

まっ白いノートに考えたことを書いていくことのすばらしさ

以前、マンガ家の浦沢直樹さんの展覧会に行ったときのこと。会場には浦沢さんの直筆原稿が飾られていました。もともとは1枚の白い紙です。それが、マンガ家の頭の中にあるアイデアと能力によってマンガのコマで埋められていき、作品ができ上がっていく。

それを見たとき、とても感動したのを覚えています。

絵画でも、マンガでも、最初はなにもないまっ白な状態です。そこに絵やマンガが描かれていき、作品になる。

ノートに考えたことを書いていくことも、同じです。

だって、最初はなんにもないんです。なにも書かれていないただの紙。そこに自分が考えたことを書き込んでいき、それが仕事の成果につながったり、人に喜ばれたり、おもしろいことが起きたり、社会に価値を提供できたり。

どうですか？　ワクワクしてきませんか？

なにかを考えるということは、そう、すごいことなんです！

そして、その考えを生み出すためのツールとして、ノートをおすすめします。

僕は小さいときからノートを書くことが大好きでした。授業のときに書いたものをあとで自分なりにまとめていました。ノートを書くことは、まるで絵を描いているかのような、そんな楽しさがありました。

まとめノートが書き上がったときは、かなりの達成感がありました。

なので、中学生のとき、弟とケンカになり、大切なノートを破られたときのショックは、いまでもよく覚えています（地理のノート）。子どものときは弟とよくケンカをしていたのですが、記憶に残る弟との3大ゲンカのひとつがそのケンカです。

すごい人はなぜノートに書くのか?

話がそれました。

「考える」ときにノートはあなたの第2の脳になります。知的生産のサポートもしてくれます。ノートに書くことで、「考える力」を鍛えられるのです。

多くの一流の人がノートを活用して、夢をかなえています。

有名なのはメジャーリーガー大谷翔平選手が高校時代にノートに書き込んだ「マンダラチャート」。シートの真ん中に目標とするテーマを書き込み、目標達成のための要素を3×3のマス目に書き込んでいくやり方です。

サッカーの本田圭佑選手や中村俊輔選手もノートを書き続けていることで有名です。経営者にもノートを書き続けて目標達成をしてきた人が多数います。

なぜノートに書くのか？

ノートには魅力がいくつもあります。ノートの魅力を書き出してみます。

・頭の中のモヤモヤを吐き出せる
・そのモヤモヤが、実は単純なことだったと気づける
・考えが整理される
・目標に向かった行動計画が立てられる
・新しいアイデアが生み出せる
・感情の整理ができる

・自分を見つめ直せる
・「自分会議」ができる
・「思考貯金」ができる
・優先順位がハッキリする
・捨てるべきこと（もの）がはっきりする

どうですか？

ほかにも魅力はいろいろあると思いますが、まとめると**ノートに書くことで、「俯瞰化・見える化できる、整理できる」**ということと**「書いたことを蓄積できる」**ということの2つになります。

ノートを使えば、「仕事がつまらない」も変えられる

僕はサッカーが大好きで、よくスタジアムにサッカー観戦に行くのですが、試合を見ていて、「なんでそこにパスを出すんだよ！　逆サイドががら空きじゃないか」なんて思うことがよくあります。

でも、これは僕が試合をスタジアムの高い位置から俯瞰して見ているからわかることなんですね。

試合をしている選手たちが見ている景色と、僕が見ている景色は、同じ試合でもまったく違います。選手たちはピッチにいるので、スタジアムの高い位置に比

べて全体がよく見えないわけです。

すごいサッカー選手は、「ピッチに立っていながら、試合を上から俯瞰して見ている」なんてことを言いますが、俯瞰化できると、見えないものが見えてくることがあります。

「自分のことを自分自身が意外にわかっていない」というのも同じ原理だと思います。自分のことは近視眼的に見てしまいます。なので、自分を知るとか人生を考えるときもノートを活用してみてください。

たとえば、**「最近なんだかつまらないんだけど、なぜなんだろう？」と思ったとき。**こうするといろいろ気づくことがあるはずです。

まず、ここ数カ月の自分の手帳（スケジュール）を見返してみます。

その中で「自分がおもしろいと思ったこと」だけピックアップしていきます。最近つまらないと思っていても、中には興味が持てたり、おもしろいことがいくつかはあるはずです。


ピックアップしたら、それをノートに書き出していきます。

そして、そこになにか共通項がないかを探します。「新しいことに挑戦しているときにはおもしろさを感じている」とか「人と接している時間は楽しい」、もしくは「ゆったりとリフレッシュしているときが楽しい」など。その共通項があなたの人生を楽しい方向に導いてくれる時間です。

共通項が見つかったら、これからの予定に、その共通項に関連する予定を意識的にできるだけたくさん入れていきましょう。すると、つまらなかった日々が、徐々におもしろい日々に変わっていくはずです。

人の感情は日々変わりますし、3カ月前に感じたこといま感じていることは同じではありません。

でも、そのことを俯瞰化しないと、その変化になかなか気づけないわけです。体重を計らないでいると気づけば5キロ増えていたとか、視力を測らないままで数年ぶりに測ったら視力がガクンと落ちていたなんてことがあると思いますが、構造は同じです。

日々の小さな変化も、積み重なると大きな変化になります。だから、定期的に俯瞰化することが必要なんだと思います。

実践！　思考ノートのつくり方

「考える」ときも同じです。考えがまとまらないとき、頭の中では「思考のモヤモヤ」が起きています。これは「俯瞰化・見える化」ができていない状態です。
そんなときはぜひ、ノートを使ってみてください。

僕がおすすめするやり方を紹介します。

1　ノートは方眼か無地のものを選ぶ。1テーマを1ページで書く
2　ゴール（目的）をノートの真ん中に書く
3　現状の課題をノートのまわりに思いつくままに書く
4　第3章で紹介した「考える技術」を使い、課題の整理、課題を「考える」ことを実践していく
5　書き出したことの中で関連性があるものを線で結びつける。そこから気づいたこともどんどん書き込んでいく
6　特に重要と思うものにマーカーを引く

事例を紹介しながら、具体的な書き方を詳しく紹介していきましょう。

テーマは「社員の離職率を下げることを考える」です。

まず真ん中にゴールを書き込みます。「離職率を下げる」がゴールなので、それを書き込みます。

次に、本やネット情報から得た「離職率」に関するインプットをベースに現状の課題を書き込みます。このとき、ここにはダラダラと書き込むのではなく、ポイントのみを箇条書きで書き込みます。

課題を書き出したら、そこから離職率が高い会社の「正体探し」（173ページ）をしていきます。

すると、いくつかポイントが見えてきます。「会社に未来が感じられない」「人間関係に問題がある」「仕事がつまらない」「給与、待遇に不満がある」。大きく分けるとこのあたりがポイントになってきます。

今度は、そのポイントごとに第3章の「360度分解法」「キャッチコピー化」

「あったらいいな」「自分ゴト、あなたゴト、社会ゴト」などを使って、離職率を下げるためになにをすべきかを具体的に書き出していきます。

これによって、「離職率を下げる」ために行うべきことが明確になります。あとは実践あるのみです。

ノートに書くときのポイントは、まずは1枚にまとめてみること。

1枚にまとめることでやるべきことが見える化され、優先度もはっきりします。もし1枚にまとまらないときは、要素が盛りだくさんになっているかもしれません。そのときは、その中で優先度の低いものはバッサリ捨てましょう。

頭の中ではたくさんのことが複雑に絡んでいて、モヤモヤしていたものが、**「考える技術」を活用してノートを書いていくことで、結論や仮説を導き出すことができる。**

これはノートのすごい魅力です。

僕はこの行為を**「自分会議」**とネーミングしています。ノートとペンがあればどこでもできるのが「自分会議」です。

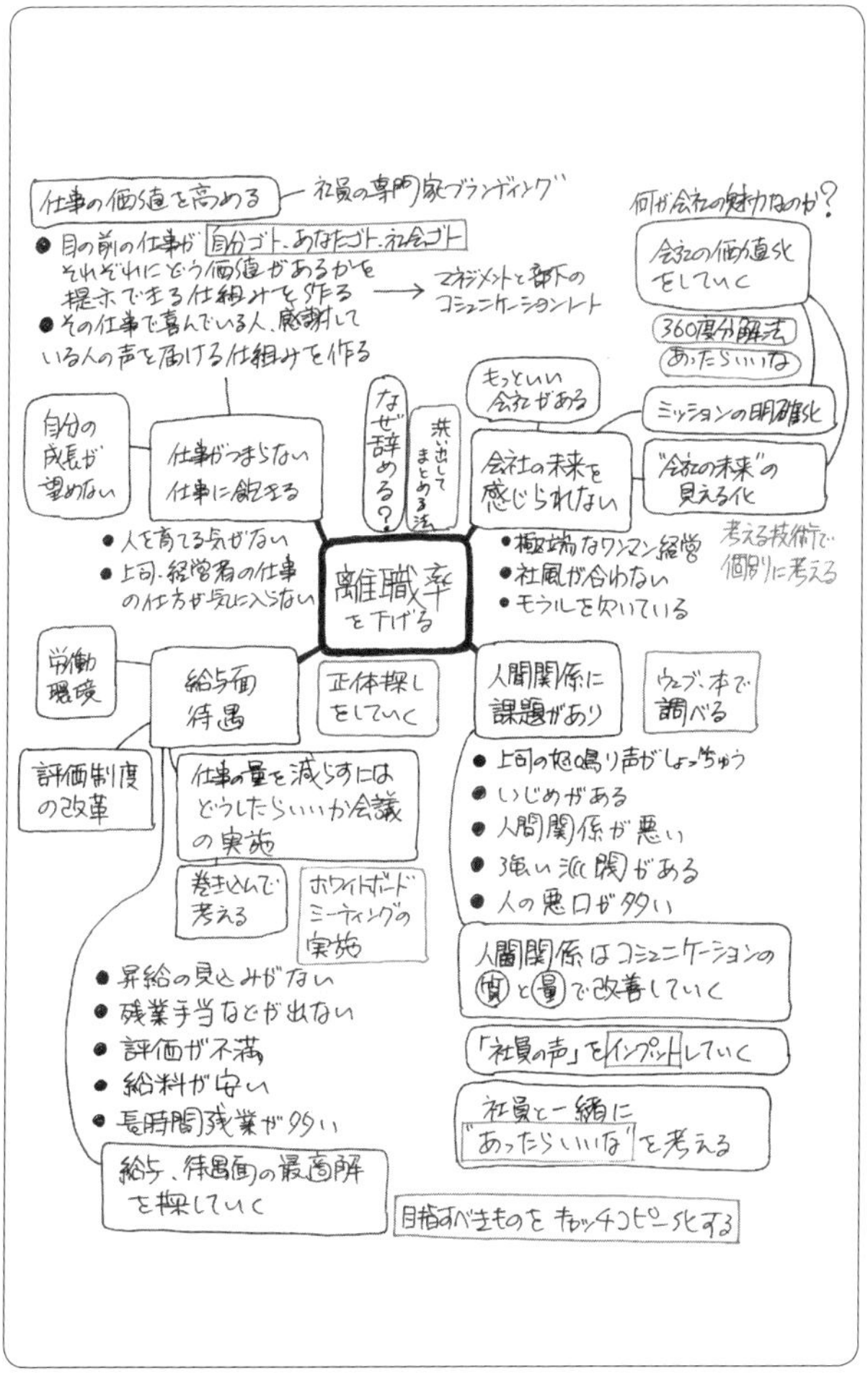

テーマ:社員の離職率を下げることを「自分会議」で考える

ノートのもうひとつの強み「思考貯金」

脳の重要な機能のひとつ、それが「忘却」です。

すべてのことを覚えていたとしたら、ちょっとゾッとしませんか？

もしそうなると、膨大な情報が脳に蓄積され、脳の働きは非効率になってしまうそうで、だから脳は積極的に記憶を忘れようとしています。

忘却にはメリットもありますが、デメリットもあります。

そのひとつが、「せっかく考えたことを忘れてしまうこと」。

せっかく考えたことも、時間がたつとその多くを忘れてしまいます。そしてまた似たようなケースに遭遇したときに、ゼロから考えないといけなくなります。それはそれで非効率です。なので、ノートに考えたことのストック＝「思考貯金」をしておきます。

ここで、僕がどんな思考貯金をしているかを紹介します。

僕はルーズリーフのノートを使っています。**ルーズリーフの魅力はなんといっても1枚ずつ取り外せること**。以前書いた内容が今の仕事で必要になるケースがよくあるので、そういうときは以前書いた部分を取り外し、いま使っているバインダーに入れ込みます。

僕の場合は、とにかくなんでもこのノートに書き込んでいます。アイデアを考えるときはもちろん、気になることをメモしたり、その日に感じた日記的なこともノートに書き込みます。スケジュール管理もこのノートでやっています。

あまり重くなるのも嫌なので、持ち運び用のルーズリーフバインダーと、ストック用のバインダーを使い分けています。そして、書き込んだものを「思考貯金」としてストックしています。

「思考貯金」は一朝一夕には増えません。あなたが考えたことしか蓄積しません。だから、その積み重ねは、あなたの大きな力になります。

料理人が長年レシピを書き溜めたノートを自分の財産にしているように、スポーツ選手が自分の気づきをノートに書き続けているように、あなたもノートで「思考貯金」をぜひ続けてみてください。3年後、5年後、10年後、あなたの大きな財産になるはずです。

ホワイトボードでみんなの頭の中を見える化

ノート以外の方法でおすすめしたいのが、ホワイトボードの活用です。打ち合わせや会議の場で、参加者みんなの「考える技術」を最大化させるためのツールです。

ホワイトボードの魅力はなんといっても、打ち合わせのプロセスを「見える化」できることです。

会議や打ち合わせでよくこんなこと、ないですか？

たとえば、営業部のミーティング。テーマが「最近、売上が落ちているので、どう上げていくか」だったとします。ホワイトボードを使わない打ち合わせだと、こんな風になりがちです。

営業課長「みんな、最近売上が落ちてきてるけど、なぜなんだろう？なんでもいいから意見出して」

営業メンバーA「競合会社がすごい勢いで営業をかけてきているので、お客さんを奪われています！」

営業メンバーB「売上を伸ばすためには、既存のお客さまだけでなく、新規開拓をどんどんしたほうがいいと思います！」

営業メンバーC「新規開拓をするより、いまのお客さんを大切にして、競合に取られないようにするべきです！」

営業メンバーB「競合会社が新しいお客さまを取ることで伸びているので、僕らも同じことをすべきですよ!」
営業課長「そうだな、じゃあ、新規開拓をやろう。どうやって新規開拓をしていけばいいかな?」
営業メンバーA「まずは、テレアポをやりましょう!」
営業課長「そうだな、じゃあ、テレアポをやってみるか」

この流れで、売上を伸ばすためにテレアポをすることが決まってしまいました。

なぜこれがダメなのかというと、単なる思いつきの連続だからです。

テレアポで新規顧客を見つけること自体が悪いわけではありません。ここまで書いてきましたが、考えるとは「広げる」+「深める」です。ミーティングでやるべきことは「広げること」「深めること」を意識的にやっていき、さまざまなアイデアを俯瞰化し、最終的にどれを実行するか選択していくことです。

でも、このミーティングでは、たまたま思いついたアイデアを、思いつきで選択してしまいました。

一方、ホワイトボードを使うと、こうなります。

営業課長「みんな、最近売上が落ちてきてるけど、なぜなんだろう？なんでもいいから意見を出してほしい。まず今日のミーティングの議題は『売上を伸ばすこと』にする。まずは、売上が落ちた理由をとにかく考えつくしたいので、思いつく限りの原因をこのホワイトボードに書き込もう」

こうやって、まずは課題の原因を広げていく作業をしていきます。ホワイトボードに書き込むことで、参加者全員に、出てきた意見が見える化し、全体像を見ながら議論ができるようになります。そうなれば、単なる思いつきではなく、目的を達成するための案が出やすくなります。

次に書いてほしいのが、**目的を達成するために必要な要素**です。

営業課長「売上を伸ばすために必要な要素ってどんなものがあるかな？　広告予算とか、人脈の開拓、商品力の強化、サポート資料のリニューアル……、まずは必要な要素を全部出してみよう」

こうやって、全体像を見える化させ、それぞれの要素ごとに現状認識と解決案を考えていきます。

ホワイトボードの書き方をあらためて説明すると、最初に「目的（ゴール）」を書き、次に目的達成のための「課題」を書き込みます。あとは「課題解決のための策」をどんどん書きこんでいき、そこから数珠つなぎのように、思考の幅を広げていきます。

ボードを書く人にはいくつかの注意が必要です。

書くときはできるだけ短く箇条書きで、会議の進行を妨げないように書いてください。

会議はスポーツのようなものなので、リズムも大切です。いいリズムになったときに、書き込むペースが遅くホワイトボード待ちにならないようにしたいところです。

ただし、終わった後にスマホなどでホワイトボードの写真を撮ってストックをしてほしいので、あとで見直したときに意味がわからないような書き方にならないような注意が必要です。

こうやって進めていくことで、通常の会議や打ち合わせでよく起きる「抜け落ち」「部分的」というマイナスを解消でき、より結果につながる思考ができるようになるのです。

コラム4

「熱狂して生きろ！」に惑わされない

「AIに仕事を取られないためには、好きなことをやっていくことが大切だ」「熱狂しろ！」

最近、そんなことがよくいわれています。

確かにそういう人が時代に突風を起こし、イノベーションを成し遂げることができるんだと思います。

でも、みんながそこを目指すべきなのかと言われれば、僕はNOと言いたいです。

僕には2つ下の弟がいます。彼は中学生のときにサーフィンに出会い、50歳間近のいまも、人生＝サーフィンで生きています。

弟をずっと見ながら僕が長年持っている感情は、**「なにかに熱狂しろと言われて熱狂できるものじゃない。熱狂は気づいたらしているものだ」**ということです。

それがないと生きられない、自然とわき出てくる感情、それが熱狂です。そんなもの、つくろうと思ってできるもんじゃない。だから熱狂できる人はすごい人。僕のような凡人には無理だ。そんな感情を抱いて生きてきました。

でも、熱狂することへの憧れはあります。

だからどうにか熱狂できないか、いままでいろいろトライしてきました。だけどダメなんですね。途中でバランスをとってしまったり、飽きてきたり、ほかのことがやりたくなったり……。そして、熱狂とはつくるものではなく、わき出るものだと気づいたわけです。

じゃあ、熱狂できない僕のような凡人はどう生きたらいいんだろうか。仕事では、熱狂できる人たちに立ち向かうことはできないんだろうか。

そんなことを考えていくなかで、凡人には凡人の強みがあることに気づきました。

凡人の強み。

それは、**世の中の多くの人が凡人だ**ということです。

日本に暮らしている日本人なら、アメリカ人の心情より日本人の心情のほうが理解しやすいし、想像しやすいはずです。

それと同じで、自分が凡人だからこそ、凡人の心を理解しやすいはず。

そう考えられるようになってから、自分にないものを目指すのではなく、自分の中にある武器を磨く方向に、人生戦略をシフトしました。

その結果自分なりに導き出した答えが、この本に書いている「考える技術」

です。

これは凡人の僕が磨いてきた武器であり、誰でも再現可能なマニュアルです。

きみの夢はなんだ？　なにがやりたいのか？

これまで何度もこの質問を受けてきて、僕にはずっと違和感がありました。

この場合の夢の意味は、なにがやりたいのかと同義です。

僕には、そこまでやりたいことがありませんでした。編集者という職業も、どうしてもやりたくてなったわけではありません。なんか楽しそうだな、おもしろそうだな、というのが編集者を選んだきっかけです。

なりたいものがあったわけではないのですが、どういう人生を歩みたいかというイメージはありました。「楽しく、おもしろく生きたい」というイメージです。

僕の好きな言葉は、「おもしろきこともなき世をおもしろく」。高杉晋作の辞世の句として有名な言葉です。おもしろく生きるにも、楽しく生きるにも、すべては心の持ちようですが、自分の人生をそうするために、この仕事を選びました。おかげさまで、おもしろく生きることができています。

「なにをしたいか」ではなく、「どういう人生を歩みたいか」を軸にする人生もけっこういいものだと思います。

第5章

「考える技術」がさらに上がる習慣

頭だけで考えた「ロジカル仮説」は間違えることがある

これまで僕は数多くの本をつくってきました。多くの人に読んでもらえた本もあるし、残念ながらあまり読んでもらえなかった、読者に届けることに失敗してしまった本もあります。

うまくいかなかった理由はいくつもあるのですが、そのひとつに、**頭の中で考えた仮説が、実際に出版してみると人の心に届かなかった**ということがあります。

自分とほかの人は考えていること、感じていること、思っていることが違うという前提を忘れてしまい、思い込みという正論で築き上げた仮説をベースに本をつくってしまう。

先入観は、大きな間違いを生む原因になるときがあります。

たとえば、僕らは英語学習に関する本を多く出版していますが、「英語のスピーキング」をテーマに本の企画を考えた場合、つくり手がやりがちな間違いは、こんな仮説を立ててしまうことです。

「英語のスピーキングの本だから、海外旅行か仕事で使うことが多いはず。ならばそういう人に向けて企画を立てよう」

確かに間違いではありません。英語を学ぶ目的調査などでも、海外旅行や仕事で使うというのは上位にきます。

でも、なんです。

仮説がロジカルにするすると決まったときこそ、一度立ち止まって、「考える」必要があります。

このときの「考える」は、「疑う」とも言い換えられます。たとえば、英語を学ぶ人の声を丁寧に拾っていくと、こんな声が聞こえてきたりします。

「英語を勉強するのって、なんか自分が成長している感じが実感できて好き」

「いくつになってもなにかを学ぶことは大切よね。英語を勉強するのが趣味になって、学んだ英語を使いたくなってアメリカに旅行に行くことにしたの」

「学校のころ英語の成績が悪くて、大人になってからリベンジしてます」

データや頭の中の思い込みからは漏れ落ちているさまざまな声。こういう声をすくい上げることが、本をつくるときにはとても大切です。

こういう声がわかっていれば、本をつくるときに「楽しさ」や「達成感」を感じてもらうための工夫をしたり、「英語ってこんなときにも使える」という提案を入れ込んだり、いろいろなことができます。

打ち合わせ後は「自分と向き合う時間」をつくる

やはり一人の人間の頭の中だけで考えられることには限界があります。だから人の声を聞いたり、話し合ったり、議論したりすることは、「考える」ときに重要です。

そんなときに、大切にしていることがあります。
それは、**声を聞いたり、打ち合わせをしたあとに、自分でそこで出てきた材料を並べながら、そのテーマと自分が向き合う時間をつくる**ことです。

仕事でよくあるのが、打ち合わせですべて決めてしまい、そこで決まったことを検証することなくそのまま進めてしまうことです。これは危険です。ロジカル仮説が間違えることがあるというのと同じ現象が起こる可能性があります。

打ち合わせのときに正しいと思ったことであっても、それはその場でいろいろな意見が出てきた中でのこと。考えを広げるときには打ち合わせは有効ですが、考えを深めるときは一人でテーマに向き合うことも大切なんです。

この二刀流を身につけておくと、「考える技術」を自在に操ることができる「思考の達人」になれるはずです。

オリジナル＝マネ×マネ×マネ

「マネ」はネガティブな意味で使われることも多いですが、僕はすごく価値がある行為だと思っています。あっ、誤解しないでほしいんですが、もちろん、パクリはNGです。

もともと世の中にオリジナルなんてものは存在しないともいわれています。オリジナルを分解するとこうなることがよくあります。

オリジナル　＝　マネ　×　マネ　×　マネ

※マネの数は多ければ多いほどオリジナリティが高い

よくあたると評判の有名な占い師が、インタビューでこんなことを言っていました。

彼は世の中に数多くある占いを実際にやってみたところ、あたる部分とあたらない部分があったそうです。

そこで、たくさんの占いのあたる部分を組み合わせて占いをつくったところ、すごくあたる占いになったそうです。こうなるとこの占いは完全に彼のオリジナルになります。

「学ぶ」の語源は「真似ぶ」だといわれています（違うという説もあるようですが）。なにかを習得するためにはまずマネる、というわけです。

確かに、子どもはマネをして日本語を覚えますし、たとえば英語圏にいると英語もすぐに覚えてしまいます。これも自然とマネをしているからですね。

マネることが大切だとわかっていれば、こんなこともすぐ解決しそうです。

以前、売上に悩む飲食店の店主と話をしたことがありました。彼はお客さんを増やしたいと悩んでいたので、僕は「人気店の人気メニューをいくつも食べてまわり、それをマネしたらどうですか?」と話をしました。「ただマネるだけでなく、マネを組み合わせたらオリジナルになりますよ」と。

でも彼の回答は、「忙しくて時間がない」でした。店を見てみると、そこまで忙しそうには見えません。ただ、マネることをネガティブに考えていて、やりたくないことへの言い訳をしていたんだと思います。

でも、その飲食店の店主は、若いときに有名店で修業をしていたそうで、そこで師匠の技術をマネてたはずなんですが……。

こういう話、実はよくあります。

僕がベストセラーを出したいと思ったときにやったことのひとつが、ベストセラーを出した人に話を聞きに行くことでした。経験者のナマの声を聞き、自分が知らなかったことをたくさん教えてもらえました。

もちろん、人によってはそんなもの教えられるわけがないと断られたケースもありますが、厚顔無恥に聞いてまわりました。それをいくつもマネさせてもらっているうちに、結果に結びついていきました。

頭の中をマネるときは「俳優が役になりきる」ように

人の頭の中をマネする方法もあります。**「なりきり思考法」**です。

これは、ある人の頭の中をマネして考えるという方法です。

人それぞれ思考のクセがあります。このクセにできるだけ左右されないようにするためには、ほかの人の脳になることが有効です。
マネ方はいろいろあります。

・言葉をマネてみる
・習慣をマネてみる
・外見をマネてみる
・物事の進め方をマネてみる
・考え方をマネてみる

イメージは、「俳優さんが役になりきる」感じです。

ドラマの中で恋人の役をすると、ドラマをやっている間は本当に相手のことが好きになるなんて話、聞きますよね。ドラマが終わったらその感情は消えてしまう。脳が役になりきっていたわけです。

考えるときもなりきってみると、思ってもみなかった考えが出てくることがあるはずです。

たとえば、自分がユニクロの柳井正さんだったらどう考えるか？

もちろん本当に本人になりきることはできませんが、その人の本やインタビューを読んで、考え方をある程度理解していれば、それでよしです。

いい人のままだと、いつまで経っても思考は二流

「考える技術」を身につけたければ、「疑う」「つっこむ」ことも役に立ちます。刑事のような思考ですね。僕はこれを**「性悪視点」**と呼んでいます。
でもこれは一歩間違えると、「あなたは性格が悪い」と言われてしまうリスクがあるので、使い方には注意が必要です。

なぜ、「性悪視点」が必要なのか？
それは、いい人の視点というのは基本なんでも「イエス」になってしまうから

です。家で奥さんがつくってくれた食事がその日あまりおいしくなかったとしても、「おいしい」と言うのは、平和な家庭のためには必要かもしれません。「いい人視点」は大切です。

でも、**こと「考える」という場面では、「いい人視点」は、考えないことと同義になることがあります。**

編集者として本をつくる仕事をしていると、1日に何回も判断を求められる場面があります。

たとえば、本の原稿を確認するとき。「いい人視点」で原稿を読んでしまうと、たいていの原稿は「いい原稿」「おもしろい原稿」になります。僕がこの本の一読者で、楽しむために本を読んでいるのならもちろんそれでOKですが、プロとしては失格です。

僕の仕事は、ただ本をつくることではなく、価値ある本をつくること。できるかぎりおもしろい、できるかぎり読んでくれる人の役に立つ本をつくりたいと思っています。

そのためには「性悪視点」は絶対に必要です。

「この内容で本当におもしろいんだろうか？」

「もっとおもしろい原稿にできないだろうか？」

「ここの文章表現、わかりやすくなってるんだろうか？」

「もっと読んでる人がワクワクする文章にできないだろうか？」

そんなことをあれこれ考え、文章に「疑う」「つっこむ」を繰り返します。

無意識によく使う言葉ほど、「疑う」・「つっこむ」

会話の中でも「性悪視点」が必要なシーンがよくあります。

というのも、**言葉はときに嘘をつくから**です。

いや、正確にいうと言葉を発している本人は嘘をついているつもりがなくても、言葉そのものが正確ではないことがあります。

たとえば、「差別化」という言葉。仕事の現場でよく出てくる言葉ですが、僕はこの「差別化」という言葉にはよく嘘が隠されていると思っています。

差別化とは、ほかとの違いを明確に打ち出すこと。商品であれば、競合しているものとの違いをはっきりさせること。その場合の大前提は「お客さんが自分たちの商品を買うときには、似たような商品と比較検討して、一番いいものを探して買う」という行動です。

でも、本当にそうなのでしょうか？

たとえば、本で考えてみます。

本を企画するときに、「差別化が必要」ということは、「本を買うとき、お客さんは競合の本と僕らの本を吟味して、比較して、買ってくれている」という前提になります。

そこで「？」がつきます。

それならば、たとえば僕らが出した本は売れているのに、書店でその周辺に置いてある類似本はあまり売れていないということが度々起きるのはなぜか？

もちろん僕らは自分たちの商品である本を、最高の商品にすべく努めています。

一方で、類似本のクオリティがそんなに落ちるのか、コスパが落ちるのかというと、そんなことはないケースがよくあります。

でも、売れているのは僕らの商品です。

そうすると、こんな疑問がわいてきます。

「本当にお客さんはいろいろ吟味して、比較して、購入しているのだろうか？」

そこで、本の販売の現場である書店に観察に出向きました。

何度も観察してみると、本を購入するまでの行動は実にさまざまでした。中には類似本と見比べて吟味しているケースもありましたが、たいていはそこまで吟味することなく、パッと手に取って、その本を立ち読みして、そのまま買うか元に戻してその場を立ち去るというケースでした。

そう。残念ながら、あまり吟味をしてもらえていなかったのです。

もちろん、ネット書店で買う場合は同じではありませんし、リアル書店でも本のジャンルによって購入までの行動には違いがありました。


そう考えると、ただ差別化が必要ということではなく、**差別化が必要なケースと必要でないケースがある**ということになります。

でもそこまで詳細に考えることなく、「差別化」という言葉をあたりまえのように使っていることがあるんじゃないでしょうか。

思いつきや間違った思考、それをベースにした間違えた行動をできるだけ減らすためにも、「疑う」「つっこむ」という「性悪視点」が必要になるのです。できるだけベストな選択をするために、考えるときはあえて性格を悪くしてください。

人の頭を使わせてもらう

久しぶりにここで問題です。

Aさんは40代の男性です。会社の上司から「新しい商品の企画をしてほしい」というオーダーを受けました。その内容は「女子高生にうける新しいドリンクの開発」です。

Aさんの仕事はそれまでは60代以上の年齢層を相手にしたものでした。普段女子高生との接点はまったくありません。Aさんは途方にくれました。どうしたらいいでしょうか?

答え

女子高生の動向に詳しい人たちに
協力をあおぐ。
詳しい人たちの頭を使わせてもらう。

えっ、そんな簡単な答え？

そう思われたかもしれません。

でも、実はこんなあたりまえのことが抜け落ちていることがあります。


たとえば、あなたのまわりでこんな人はいないですか？

仕事で一生懸命考えているのに答えが見つからないで時間ばかりかかってしまう人。子どもでも、テストの問題にうんうんうなりながらその問題の前で立ち止まってしまう子がいますよね。

どちらも構造は同じです。

自分の頭の中に答えを出すための材料が足りていないのに、答えを出そうとしている。

まるでカレー粉やスパイスがないのに、カレーをつくろうと奮闘しているような感じです。

僕が、10代の女の子の間で流行りそうなことをいまここで企画にしてほしいと言われたとしても、100％企画をつくれない自信があります。なぜなら、まったく頭の中にインプットがないからです。

そんなときは難しく考えないで、人の頭を使わせてもらうことが一番です。そのジャンルに詳しい人、経験がある人に聞いてみたり、巻き込んでプロジェクトに参加してもらったり。要は、人の頭を使わせてもらうわけです。

自分に知見がないこと、経験がないこと、そんな新しいことにチャレンジするときに、インプットからアウトプットまでを効率的に行う方法が「人の頭を使う」ことだと思います。

人の頭を使わせてもらう代表的なものが会議や打ち合わせです。

会議や打ち合わせは、報告を受けたり、すり合わせをする場でもありますが、僕は一番の目的は「人の頭を使って、目的に向けて価値を生み出すこと」だと思っています。

213ページで紹介した「ホワイトボードの活用」は、人の頭を使うときにも便利です！　ぜひ実践してみてください。

「考える時間」をスケジュールに入れる

僕は手帳のスケジュール欄に「考える時間」という予定を書き込んでいます。打ち合わせや会議の予定と同じように、「考える時間」を自分で決めて、スケジュールに組み込んでいます。

そのとき、「考える時間」とただ書くだけでなく、「企画を考える時間」「プロモーションを考える時間」「人事評価を考える時間」など、できるだけ具体的に予定に書き込みます。ひとつの予定で30分~1時間くらいを取ることが多いです。

それ以外に、週に1日は「考える日」をとっていて、その日は考えることに集中する日にしています。丸1日をその時間にあてるのが難しい場合は、自分のペースに合わせて30分単位でいいので、予定に組み込んでみてください。

「重要度と緊急度の座標軸」をご存じでしょうか。

上下に重要度、左右に緊急度の軸をつくり、4つのスペースに分けます。

重要度が高く、緊急度も高いAの要素は最優先事項です。

次に多くの人が時間をよくとられているのがCです。重要度が低く、緊急度が高いスペースです。

逆に、重要度は高いが緊急度が低いBにはなかなか時間をかけられないことがよくあります。こういう時間の使い方をしていると、仕事は忙しくても、自分のやりたい仕事をすることがなかなかできません。

スケジュールは緊急度の高いことや、仕事相手などの都合でどんどん埋まって

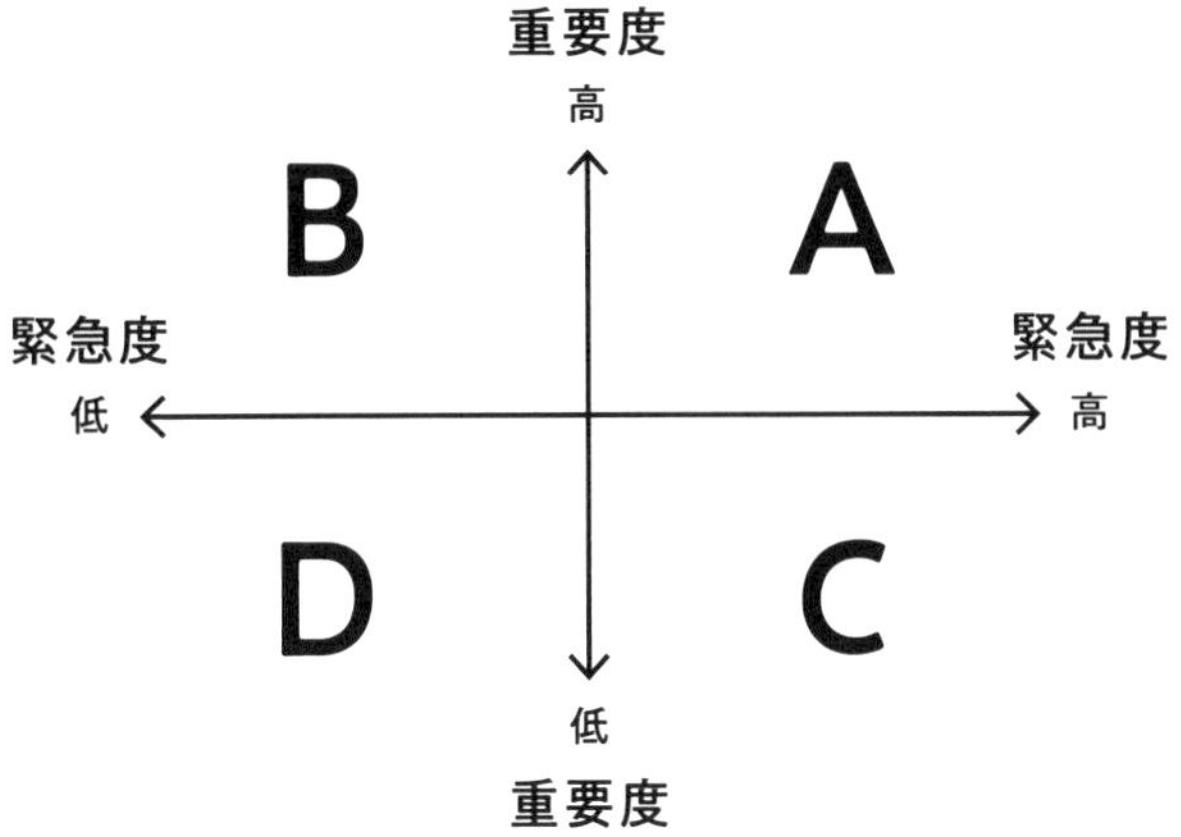

いってしまいます。これでは、重要度は高いけれど緊急度が低いBに費やす時間がとれません。

それを避ける方法、それが「考える時間」を予定に書き込むことです。

忙しさにかまけて、「考える時間」がとれなくなると、消耗していったり、こなすだけが仕事になってしまう可能性もあります。考えるためには、まずその時間を確保することです。

「考える練習」＝「シコ練」をしているか？

優秀なスポーツ選手は練習量がすごいといいます。

スポーツの世界と同じように、「考える技術」を身につけるためには、「考える練習」をするのが一番です。

ちなみに、僕は「考える練習」が好きです。「考える練習」を僕は「シコ練（思考の練習）」と呼んでいます。

たとえば、家の近所のドラッグストアのテーマソングを勝手に作詞作曲したり、大好きな銭湯の価値を高めることを考えたり、電車の中にある中吊り広告につっこみを入れてより伝わるコピーを勝手に考えたり、レストランのメニューを見て新しいメニュー名を考えたり、毎日、あちこちで「シコ練」をしています。

もちろん、誰かに頼まれたわけではなく、自分で勝手にやっているのですが、これが楽しいんです。僕が勝手につくったドラッグストアのテーマソングは密かな自信作で、その店で流れているその店のオリジナルソングよりもいい曲になっていると思っています。

「シコ練」をするときに心がけたいのが、具体的な解答までもっていくこと。

たとえば、テレビCMを見ていて「このCM、なんか響いてこないな」と思ったら、どこをどう修正したら響いてくるのか、そこまで具体的に考えるわけです。

なんとなくで終わらせないのがポイントです。

そして、そのことをノートに書き込み、貯蓄します。「思考貯金」（210ページ）ですね。

レストランは考える練習の絶好の場です。店員さんのサービスはどうか、メニューはどうか、お店の内装や外装はどうか、料理はどうか。考えることがたくさんあります。

スーパーマーケットも格好の練習場所です。この商品のネーミングは魅力的だとか、これだと買いたくならないなとか、この陳列の方法はすごくいいとか。

この練習が、いろいろな場面で役に立ちます。

なぜなら、**シコ練から得たことと、仕事の課題には共通点がたくさんあ**

るからです。

経理の仕事をしている人でも、営業の仕事をしている人でも、研究職の人でも、探してみると自分の仕事との関連性が見つかるはずです。いまなにが世の中にうけているのか、いいコミュニケーションと悪いコミュニケーションの違いはなにか、などなど。日頃から練習しておいたことが、なにかにつながるのです。

いつでも、どこでもできるので、ちょっとしたすき間時間、スマホをいじるのを止めて、「シコ練」をぜひやってみてください。けっこう楽しいです。

「考える時間」をマシマシに！

以前、取材で国民的ヒット番組を何本もつくってきた有名テレビプロデューサーに聞いたことがあります。

「なぜ、あなたはそんなにヒット番組を連発できるんですか？」

答えは、即答でした。

「考えている時間がとにかく長いからです」

天才と言われていた人なので、意外な答えに驚きました。

今度は別の取材で、国民的ヒット曲を何本もつくってきた有名音楽プロデューサーにも、同じ質問をしました。

「なぜ、あなたはそんなにたくさんの曲をヒットさせることができるんですか？」

こちらも答えは、即答でした。

「水の中に潜って、息を止めて、我慢し続けているからです」

抽象的な言い方ですが、つまりは、考えて考えて、粘って粘って、最高の曲を提供しているということだと僕は解釈しました。

すごい人たちが、すごい成果を出すためのコツは「時間をかけて考え続けること」という答えで共通していました。

「考える技術」を使えば、これまでよりも「考える速度」「仮説を生み出す速度」が上がります。ただ、それ以上の飛びぬけた思考をするために考える時間は必要です。

野球で、バッティング理論をいくら学んでも、ヒットやホームランを打てるようにはなりません。その理論を体に脳に刻み込み、素振りやバッティング練習、練習試合をして、打てるバッターになっていくのです。

考えることも同じです。「考える技術」をベースに、時間をかけ、行動に移して考えていく。

結果 ＝ 考える技術 × 考える時間 × 行動

これが方程式です。

ちなみに、**考えることを続けていくと、だんだん考えることが楽しくなってきます**。だから、「長く考えるなんてうんざり」なんて思わないでください。そうやって考えたことが蓄積されて、あなたの力になります。

蓄積といえば、こんな有名な話があるそうです。ピカソの話です。

ピカソが街を歩いていると、ピカソの大ファンという女性に呼び止められました。彼女はピカソに「この紙に絵を描いてもらえないですか？」とピカソに尋ねたそうです。ピカソはそれに応え、絵をその場で描いてあげたそうです。

そしてこう言いました。

「この絵の値段は1万ドルです」

女性は驚いてこう言いました。

「あなたはこの絵を描くのに30秒しかかかってないではないですか」

すると、ピカソは苦笑しながらこう答えたそうです。

「それは違う。30年と30秒だ」

絵を描いた時間は30秒。

でも、ピカソは30年かけて蓄積した技術を使って描いたわけです。

この話は出典が不明なので真偽のほどはわかりませんが、とてもいい話なので紹介させてもらいました（1万ドルのところは100万ドルという説もあります）。

蓄積って強いです。もちろん、ムダに時間を使えばいいというわけではないですが、意味のある時間の蓄積は大きな価値になります。今日なにを考え、明日なにを考えるか、「考える」をどんどん蓄積していく。

その時間をつくるときに大切なのは、楽しむこととリラックスすること。脳を楽しませ、リラックスさせることで、よりよい思考が生まれてくるはずです。

「シンキングプレイス」＝思考が生まれる場所をつくる

会議が嫌いな人って多いですよね。なぜ会議が嫌いなのか？　理由はこんなところでしょうか。

- 単なる報告会になっていて、自分がそこにいる意味がない
- 発言しにくい雰囲気で、声の大きな人だけが発言している
- 会議の目的がはっきりせず、上司の会議好きに付き合わされている

確かに、こんな会議だと出たくないですよね。

でも、僕は会議がけっこう好きなんです。

僕にとって会議はスポーツに似ています。「思考のスポーツ」という感じです。特に好きなサッカーに会議を置き換えて考えています。参加メンバーは、みんなサッカー選手です。意見というパスを出し合い、ゴールを目指す。全力で会議に臨むので、会議終了後は、脳がクタクタになっています。

会議ではイノベーションや新しいアイデアが生まれにくいと言われますが、そんなことはないんじゃないでしょうか。やり方ひとつ。会議でもイノベーションやアイデアは生まれるはずです。

逆に、僕は会社のデスクではアイデアがまったく生まれません。会社のデスクは事務処理には向いていますが、僕にとって考える仕事、クリエイティブな仕事には不向きな場所です。

自分にとって最適な考える場所＝「シンキングプレイス」をつくることは、大切です。ちなみに、僕が好きなシンキングプレイスは7つあります。電車の中、風呂、カフェ、散歩中、ランニング中、書斎、会議です。

シンキングプレイスと命名したのには理由があります。

スマホがない時代は、生活の中にすき間時間がたくさんありました。その時間を「考える時間」にしやすかったのですが、スマホ普及後は、すき間時間はほぼスマホに侵食されている人が多いんじゃないかと思います。電車の中も、カフェも。会議中ですら、会議に集中せずスマホを見ている人がいます。そうなると、「考える時間」の確保が難しくなってしまいます。だから、命名をして、意識してその場所を確保することが必要になるのです。

昔から、文章を考えるのに最適な場所は三上（馬上、枕上、厠上）といわれてきました。いまでいうならば、電車の中、布団の中、トイレの中といったところでしょうか。そこが考えることに集中できる場所というわけです。シンキングプレイスは昔からあったわけです。

おわりに

考えること、考えたことを実行すること。

このおもしろさや喜びを感じた原体験があります。小学校4年生のときでした。友人と2人で「なにかクラスのみんなをおもしろがらせることをしたいね！」と話をしていました。あれこれ考えた結果、木を使って手動のパチンコ台をつくることにしました。くぎを打ち込み、球はビー玉。パチンコ台のサイズは70〜80㎝くらいだったんじゃないかと思います。点数制にして競えるものにしたら盛り上がるんじゃないかということで、板に開けた穴には点数を書き入れました。

できあがったパチンコ台を学校に持っていく日はもうドキドキです。もしかしたら先生に怒られるかもとか、クラスのみんながまったく相手にしてくれなかったらどうしようとか、不安もありました。

でも不安はまったくの杞憂でした。自分たちが思っていた以上にみんな大盛り上がり。このパチンコ台の前には休み時間ごとに行列ができました。

そして、なにより嬉しかったのが、担任の先生が保護者に向けた学級新聞で僕たちのことを取り上げてくれたことでした。自分たちで考えたことを形にして、クラスのみんなを楽しませたことをほめてもらい、こう締めくくってくれました。

「この子たち、なかなかやるな」

この言葉、いまでも心にしみ込んでいます。

おもしろいことを考えて、それを実行したら、こんなに喜んでくれる人がいる。

僕の仕事の原点はいまもここにあります。

人生は1回きりです。どうせなら、自分らしく生きたい。

自分らしく生きるってどういうことだろうと考えると、それって結局は「自分が考えたことを実行すること」なんじゃないでしょうか。そうやって未来はできていくんだと思います。

もちろん考えたことを実行したからといって、思い通りにならないこともあるでしょうし、想定外のことも起きるかもしれません。

そんなときは、また考えればいいんです。挫折したって、失敗したって、大丈夫。また考えて、行動に移せばいい。それが自分らしい人生のつくり方なんじゃないかと思っています。

最後まで読んでいただきありがとうございました！　この本を通してあなたと
出会えたことに心から感謝します。
あなたの人生が幸多きことを願って。

柿内尚文

【参考文献】

『売れないものを売る方法？　そんなものがほんとにあるなら教えてください！』
　川上徹也（SB新書）
『すいません、ほぼ日の経営。』聞き手　川島蓉子　語り手　糸井重里（日経BP社）
『ガリガリ君の秘密　赤城乳業・躍進を支える「言える化」』遠藤功（日本経済新聞出版社）
『90秒にかけた男』著　高田明　聞き手　木ノ内敏久（日本経済新聞出版社）
『学校の「当たり前」をやめた。生徒も教師も変わる！　公立名門中学校長の改革』
　工藤勇一（時事通信社）
『藤原和博の必ず食える1％の人になる方法』藤原和博（東洋経済新報社）
『「ない仕事」の作り方』みうらじゅん（文藝春秋）
『佐藤可士和の超整理術』佐藤可士和（日本経済新聞出版社）

『一勝九敗』柳井正（新潮文庫）
『はじめての人のための3000円投資生活』横山光昭（アスコム）
『1日1分見るだけで目がよくなる28のすごい写真』林田康隆（アスコム）
『医者が考案した「長生きみそ汁」』小林弘幸（アスコム）
『松岡修造の人生を強く生きる83の言葉』松岡修造（アスコム）
『「のび太」という生きかた』横山泰行（アスコム）
『ざんねんな努力』川下和彦　たむらようこ（アスコム）

【著者紹介】

柿内　尚文（かきうち・たかふみ）

◉——編集者。1968年生まれ。東京都出身。聖光学院高等学校、慶應義塾大学文学部卒業。読売広告社を経て出版業界に転職。その後、ぶんか社、アスキーを経て現在、株式会社アスコム取締役編集局長。

◉——長年、雑誌と書籍の編集に携わり、これまで企画した本の累計発行部数は1000万部以上、10万部を超えるベストセラーは50冊以上に及ぶ。特に実用書のジャンルで数々のヒットを飛ばしている。

◉——現在は本の編集だけでなく、企業のクリエイティブコンサルティングや事業構築のサポート、講演やセミナーの講師など多岐にわたり活動中。

パン屋《や》ではおにぎりを売《う》れ
想像以上《そうぞういじょう》の答《こた》えが見《み》つかる思考法《しこうほう》

2020年６月22日　第１刷発行
2024年10月15日　第19刷発行

著　者——柿内　尚文
発行者——齊藤　龍男
発行所——株式会社かんき出版
東京都千代田区麴町4-1-4 西脇ビル　〒102-0083
電話　営業部：03(3262)8011㈹　編集部：03(3262)8012㈹
FAX　03(3234)4421　振替　00100-2-62304
http://www.kanki-pub.co.jp/

印刷所——大日本印刷株式会社

ISBN978-4-7612-7499-3 C0030